U0630619

童年书系·书架上的经典

金灿灿/编写

[插图本]

孙子兵法

浙江摄影出版社

目　录

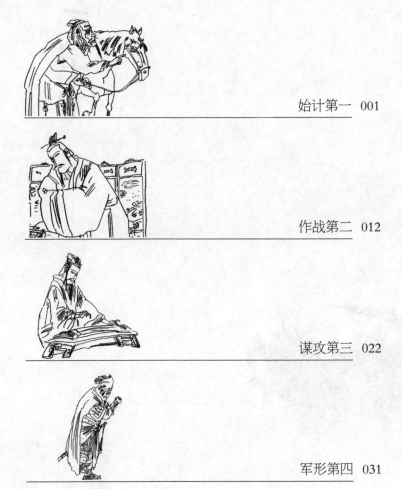

在太极殿召见群臣说："我继承大业以来,已有二十多年了。四方大致平定,只差东南一隅的东晋,还没有蒙受我的教化。我大概计算了一下兵力,有近百万。我准备御驾亲征攻打东晋,各位爱卿以为如何?"

当时前秦刚刚统一北方,内部统治还不稳固,再加上连年征战,军队的士气不高,百姓更是渴望休养生息。对于苻坚伐晋的主张,许多大臣表示反对,指出东晋有长江天险,易守难攻。苻坚听了却不屑地说："我有百万雄师,只要一声令下,士兵们把鞭子投入长江,就足以让江水断流,长江天险又何足为患?"

大臣们有的赞成有的反对,久久决议不下。苻坚生气地说："算了,就像这路边造房子,听的意见越多越造不成,此事还是我自己决断吧!"

退朝后,苻坚又留下弟弟苻融商议。苻融也反对伐晋,他说："现在攻

打东晋有三个难处：一是从星象上看，天意不顺；二是东晋内部团结，上下和睦，无隙可乘；三是我们打了这么多年仗，士兵们疲惫不堪，老百姓也不想打仗了。朝堂上反对您伐晋的都是忠臣啊，希望您能听取他们的意见。"

符坚听了很不高兴，说："连你都这么说，我还能跟谁讨论呢！我有百万大军，还愁灭不了东晋？"符融急得哭了起来，又劝谏说："王兄，你忘了王猛丞相临死前的嘱咐了吗？东晋虽然地处偏远的江南，但承继了晋室正统，又有谢安等人的辅佐，实力不容小觑，万不能贪心图谋。更何况鲜卑、羌族的威胁并未除去，伐晋的时机还不成熟啊！"但符坚听不进去。

此后，太子符宏也劝符坚进一步巩固北方统一政权后，再伺机伐晋。可是符坚一意孤行，他颁布命令，百姓每十人就得抽一个去当兵，使许多人家妻离子散，怨声载道。但符坚置若罔闻，认为凭借自己强大的兵力攻打偏安江南的东晋，就好比秋风扫落叶，定能实现自己称霸天下的野心。

就这样，符坚匆匆忙忙地发动了攻晋战争。他率领八十余万大军浩浩荡荡地从长安出发，队伍前不见头，后不见尾，掀起的烟尘遮天盖日，声势好不壮观。

这个消息传到东晋的都城建康，晋孝武帝吓得慌了神，满朝文武也失去了主张，都把目光集中在宰相谢安身上，请他拿主意。谢安年轻时曾被推荐到朝廷做官，只做了一个月就辞职不干了，在东山隐居到四十多岁，才又被朝廷请了出来，人们说他是"东山再起"。

这时，谢安只淡淡地说："没别的办法，只有拼死一战。"他向晋孝武帝建议，自己坐镇建康，派弟弟谢石任征讨大都督指挥全军，派侄儿谢玄为前锋都督，带领八万人马北上迎击秦兵。再派胡彬带领五千水兵援助寿阳。晋孝武帝采纳了他的建议。

这年十月，苻坚的军队攻克了寿阳，还把谢安派出的大将胡彬带领的兵马团团围困住了。苻坚志骄意满，心想晋军已经不堪一击了，就派出一个叫朱序的使者到谢石那里劝降。没想到，朱序却悄悄告诉谢石："别看秦兵来势凶猛，但主力部队离这儿还远着呢！只要派一支精兵，先发制人，击溃前锋部队，挫伤他们的士气，秦军必然全线崩溃！"

谢石听到这个情报，迅速改变作战方针，转守为攻，派出五千精兵突袭洛涧，把秦军打得溃不成军，狼狈而逃。晋军乘胜追击，一直打到淝水西岸，驻扎在八公山下，和驻在寿阳的秦军隔岸相望。

苻坚听说洛涧失守，大吃一惊，赶紧爬上城楼，观察对岸晋军的动静。他放眼一看，一座座营帐错落有致，一面面军旗凌风飞扬，阵势严整威武，心中顿生惧意。再往远处看，八公山上风吹草动，影影绰绰，好像埋伏着数不清的晋兵。他对身边的弟弟苻融说："不好，那山上还埋伏着大军呢！"苻融睁大眼细看，什么也看不见，便说："哪有什么人马，王兄是不是把八公山上的松树和枯草当成晋兵了？"苻坚又细看了看，长长地叹了口气："是啊，我眼花了，真是草木皆兵哪！"

后来，苻坚又想出一个计谋，打算假意后撤，诱使晋军渡过淝水，好在渡河时趁机消灭他们。没想到，秦军将士们长期作战产生了厌战情绪，再加上对晋军的惧怕，一听到后撤的命令拔腿就跑，阵脚大乱。无论苻坚如何下令，都刹不住士兵们如潮水一般地往后撤退。

这时，谢石的兵马却像插了翅膀一样飞快地渡过淝水，冲杀了过来。秦军拼命逃跑，晋军乘乱追击。秦兵死伤不计其数，连主将苻融都被长枪刺死了。苻坚也中了流箭，带着残兵仓皇逃回北方。一路上，他们日夜逃跑，饥寒交迫，听到风声和鹤叫，也以为是晋兵在后面穷追不舍，顿时吓得脸色发白，全身瘫软。真是风声鹤唳，令人胆寒哪！

这场战争，东晋最终以八万兵力，大胜八十余万前秦军队。谢石抑制不住心头的喜悦，派信使骑着快马，火速去建康报喜。信使赶到谢安家里，谢安正专心致志地跟客人下棋呢。他看完了捷报，不露声色，随手把捷报放到一边，又继续下棋了。

客人知道是前方来的捷报，忍不住问道："战事怎么样啦？"谢安慢吞吞地说："孩子们到底把敌人打败了。"客人听了，欣喜万分："太好了，我要把这个好消息赶紧告诉家里人！"他把棋盘一推，告辞走了。谢安这才起身送行，回来跨过门槛时一个踉跄，竟把脚上木屐的齿折断了，差点跌倒。别人这才知道他心里也是十分喜悦和激动的呢！

苻坚骄傲自大，不听劝阻，主观武断地轻率开战，最终导致淝水惨败。经过这场大战，苻坚一蹶不振，他的部下纷纷背叛了他，不久便被人杀害了。前秦也因此元气大伤，走向衰弱灭亡。所以孙子说，战争关系到个人生死、国家存亡，发动战争必须慎之又慎啊。

夏桀不得人心终亡国

夏桀是历史上有名的暴君。他骄奢淫逸，残忍异常，常常在闹市中放出饥饿的老虎，以欣赏人们惊恐逃命的样子为乐。百姓们对夏桀恨之入骨，敢怒而不敢言。

有一次，夏桀攻打有施国。有施国势单力弱兵败求和，献出他们的牛羊、马匹和许多奇珍异宝，还投其所好送给夏桀一位绝世美人——妹喜。妹喜长得眉目清盈，袅娜多姿，好比晶莹的雨露，惹人怜爱。夏桀被妹喜的美貌迷得神魂颠倒,对她百般宠爱,满心欢喜地班师回朝了。有施国竟然因为一个女子得以保全。

　　为了讨美人欢心,夏桀大兴土木,建造了一座华丽而高大的宫殿,远远望去高耸入云,似乎要倾倒下来,因而被叫作"倾宫"。夏桀还建造了规模大到可以划船的酒池,让三千名饮酒高手在击鼓声中下池畅饮。许多人因为酒醉而淹死,仅仅因为这荒谬的场景,能够博得妹喜嫣然一笑。妹喜还有两大爱好,一是喜欢佩带宝剑穿男人的衣服,二是喜欢听撕裂绢帛的声音。夏桀就叫人搬来各种精美而珍贵的绢帛,一匹一匹撕裂给她听。

　　夏桀终日与妹喜穷奢极欲,纵情享乐,把国家政事抛到了脑后。夏朝的老百姓都挣扎在水深火热中。忠臣关逢龙冒死进谏说:"您这样昏庸无道,是自取灭亡啊!"夏桀却嗤笑着说:"我拥有万民,就像天上有太阳。太阳会灭亡吗?太阳灭亡,我才会灭亡。"百姓们听说后,就指着太阳咒骂:"你这个该死的太阳,什么时候灭亡啊,我们都愿意与你同归于尽!"老百

姓对夏桀的怨恨可见一斑。

这时候，黄河下游的商部落逐渐崛起了。部落首领商汤推行仁政，得到百姓的拥护，还招揽了伊尹等具有卓越才能的贤士。一次，商汤在野外看到有人四面张网捕捉鸟雀，并祷告说："四面八方的小鸟啊，都飞进我的网里吧！"商汤忙制止说："怎么能把鸟雀都赶尽杀绝呢！"商汤把那人的网揭开了三面，还命令他要这样祷告："小鸟啊，你们想往左飞也可以，想往右飞也可以。不听劝告的，才到我的网里来。"处于夏桀暴政之下的人们听说这件事后，都感佩商汤的仁爱，愿意归顺到商汤的麾下。

夏桀对商的日渐强大十分恐慌，就派人将商汤抓来，囚禁在夏台。汤的大臣伊尹心急如焚，为了救出商汤，重金买通了夏桀的宠臣赵梁，又向夏桀进献了一群美女，外加许多的奇珍异宝。夏桀就把商汤给放了。

商汤回去后，先灭了葛、韦、顾等附属夏的小国，又灭了较强大的昆吾国。这时商的国力更加强大，具备了和夏分庭抗礼的实力。于是，商汤召集了六千名训练有素的勇士，制造了七十乘装备精良的战车，起兵攻打夏朝。他作了篇《汤誓》，豪气万丈地对将士们说："众兵士，我带你们去攻打夏桀，不是举兵作乱，而是因为夏桀作恶多端，罪有应得，上天命我去灭绝他！我惧怕上天的威严，不能不去攻打夏桀！"这篇誓词声讨了夏桀的暴虐，大大激发了士气。

商汤率领大军绕道到夏都以西，出其不意地突袭夏都。夏桀仓促应战，与商汤的军队在鸣条一带展开决战。商汤指挥大军列阵发起进攻，士兵们恨透了夏桀的荒淫无道，个个奋勇作战，一举击败了夏桀的主力部队。夏桀败亡后，夏朝也随之灭亡，商汤建立了我国历史上第二个奴隶制国家——商。

古人云:"得道多助,失道寡助。"孙子论述决定战争胜负的五个要素,首当其冲的就是"道",也就是君主是否深得民心,得到天下百姓的衷心拥戴和支持。而历史也证明,夏桀的荒淫无道,不得人心,注定了他的必然覆亡;商汤的广行仁义,则使他的军队成了正义之师、必胜之师!

徐庶宝马试刘备

东汉末年,颍川郡有一个叫徐庶的谋士。他听说刘备是汉室皇亲,而且为人宽厚仁慈,信义闻名于四海,就想去投靠他。

这时,刘备恰好得到一匹骏马,非常珍爱。徐庶看到这匹马,对刘备说:"主公,这匹马眼睛下面有泪槽,额头边上有白点,是一种名为'的卢'的千里马。宝马虽好,却要克主,主人甚至会有性命之忧,主公还是另选良驹吧。"不想刘备却十分达观,笑着说:"没关系,生死有命,哪里是一匹

马所能妨碍的。"

徐庶见刘备不以为然，心里一动，暗想：都说刘备仁义，不如用这马试他一试。于是，徐庶故意说："主公既然喜爱此马，我这里倒是有一个化解之法。不知主公心中可有痛恨的人？您把这匹马赐给他，等害过了此人，再骑就不会有事了。"刘备连忙制止说："这不是正道，万不可如此，千万不要再讲了！"徐庶这才心悦诚服，跪下对刘备说："主公仁德，实在是天下百姓的福气。我愿意尽力辅佐主公，完成大业！"这以后，徐庶就死心塌地地跟着刘备，为他出谋划策，打了好几个胜仗。

曹操接连吃了几个败仗，纳闷不已。他得知徐庶成了刘备的军师，就在谋士程昱的建议下，将徐庶的母亲掳至许昌。然后，命人模仿徐母笔迹给徐庶写了一封信，让他速来许昌救母亲的命。徐庶是个孝子，看完信不禁泪流满面。他拿着信奔去见刘备，向他辞行说："我本来想助主公共图大业，所凭借的也就是我的智谋。但现在母亲被曹操抓去，我已经方寸大乱，对主公也没什么帮助了，还请主公准许我离去。"刘备闻言大哭，但也想不出什么好办法，只好答应了。

第二天，刘备设宴为徐庶送行。两人依依惜别，送了一程又一程。徐庶说："送君千里，终须一别。主公，请留步。我们就此别过吧！"刘备拉着徐庶的手说："先生此去，天各一方，不知何时才能再相见！"说完，泪如雨下。徐庶虽心中不忍，最终挥泪离去。刘备骑马立在林畔目送徐庶，视线却被一片树林挡住，忍不住说："我真想把这片树林砍光，好多看先生几眼。"

这时，忽见徐庶拍马而回，刘备喜出望外，问道："先生，莫非改变主意了？"徐庶勒马对刘备说："我心乱如麻，竟忘了一件大事！有一位奇士，就在襄阳城外二十里的隆中。您何不把他请来,日后必有大用!"徐庶说的这位奇士,就是大名鼎鼎的诸葛亮。后来,刘备在徐庶的推荐下亲往隆中,请诸葛亮出山,最终成就了一番霸业。

　　而徐庶为了保全母亲不得已进入曹营,徐母却在斥责徐庶之后自杀。至此,徐庶发誓终生不为曹操献一计一策,后人说他是"身在曹营心在汉"。不得人心的人,即使强行留住了人才也无济于事,最终必将招致败亡。

作战第二

中心大意

本篇着重分析了战争与国家经济的关系,提出粮草供应尽量在敌国就地补充的原则。并认为作战时要速战速决,避免打持久战。因为持久战的消耗太大,即使一个强大、富饶的国家也有可能被持久战拖垮,导致国弊民穷。本篇较为系统地阐述了中国古代军事学的后勤理论。

原文选译

"其用战也胜,久则钝兵挫锐,攻城则力屈,久暴师则国用不足。"

军队作战,要尽快取得胜利。旷日持久,就会使士兵们疲惫,失去锐气。一旦攻城,则兵力将耗尽。军队长期在外作战,会使国家财政经济发生困难。

"善用兵者,役不再籍,粮不三载;取用于国,因粮于敌,故军食可足也。"

善于用兵的人,不用一再征集兵员,不用多次运送军粮。武器装备由国内供应,粮食草料在敌国就地解决。这样,军队的粮草供应就充足了。

"故兵贵胜,不贵久。"

所以用兵贵在速胜,不能拖得太久。

"故知兵之将,生民之司命,国家安危之主也。"

深知用兵之法的将帅,是百姓命运的掌握者,是国家安危的主宰者。

兵法故事

曹操夜袭乌巢转败局

东汉末年,袁绍与曹操两大割据势力日渐强大。公元200年,袁绍集结了十万精兵挥师南下。他先派大将颜良渡过黄河,进攻白马。曹操采纳了谋士荀攸的意见,派一部分人马往西到延津一带假装渡河,把袁军主力引到西边。袁绍听说曹操要在延津渡河,果然派大军来堵截。而此时曹操亲自带领一支轻骑兵袭击白马,来了个声东击西。包围白马的袁军被打得措手不及,主将颜良被杀,白马之围也解除了。

袁绍听到曹操救了白马,一气之下下令全军渡河追击,派大将文丑率领骑兵打前锋。曹操听说袁军来追,就把六百名骑兵埋伏在南陂,叫兵士解下马鞍,让马到处溜达,还把武器辎重丢得满地都是。袁军一见果然中计,纷纷争抢财物。这时,六百名伏兵一齐冲杀出来。袁军来不及抵抗,就被杀得七零八落,大将文丑也死在乱军之中。

两场仗打下来,袁绍一连折损了颜良、文丑两员大将。他不肯罢休,一路追击曹操到官渡,才扎下营寨。曹操的兵马也退回官渡,布好阵势,坚守营垒。就这样,双方在官渡相持了三个多月。

时间一长,曹军的粮食越来越少,兵士也疲惫不堪。而袁绍的军粮,却从邺城源源不断地运来。到了十月,袁绍又派大将淳于琼带领一万人马运送军粮,并把大批军粮囤积在离官渡四十里的乌巢。恰在此时,曹操的一位故友——袁绍的谋士许攸,因为家人犯罪的事与袁绍闹翻,前来投奔曹操。

这天晚上,曹操在大营里刚脱掉衣服准备就寝,忽然听说许攸来投奔他,高兴得来不及穿鞋子,就光着脚跑出去迎接许攸,一边跑一边大笑着说:"太好了!您一来,我的大事能成了。"

　　曹操把许攸迎进帐中,许攸开门见山地问道:"袁绍兵多粮足,您打算如何应对? 你们现在还有多少粮食?"曹操回答说:"还能支持一年。"许攸笑着说:"恐怕没有那么多吧!"曹操改口说:"恐怕只能支持半年了。"许攸听了,装出生气的样子说:"在老朋友面前,还说什么假话? 我诚心来投奔您,您却这样欺骗我,实在是失望至极啊!"曹操无奈,只好如实相告:"军中的粮食,可能维持不了一个月了,您看怎么办?"

　　没想到,许攸却大声地说:"何必瞒我呢,您哪还有粮草! 我知道您一无援军,二无粮草,情况危在旦夕,特来给您献一条破敌之计。现在袁绍的粮食、军械,全存放在乌巢。把守的淳于琼嗜好饮酒,防备十分松懈。您只要速速带一支精兵去偷袭,把他的粮草全烧光,那么不出三天,袁绍就不战自败了。"

　　曹操听了大喜,立刻把部下荀攸、曹洪找来,命他们守好官渡大营,又在营外安排了两路伏兵,以防袁军来袭。第二日,曹操亲自率领五千精兵,带上柴草向乌巢进发。他们打着袁军的旗号,沿途遇到袁军的岗哨查问,就谎称是袁绍派去乌巢护粮的,一路蒙混过关。

　　到达乌巢后,曹军立刻围住粮草辎重,四面放火,袁军大乱。乌巢的守将淳于琼喝醉了酒正躺在营帐中,听到外面的声音连忙跳起来问道:"什么人吵闹?"话没说完,就被曹兵抓住捆起来了。

　　袁绍看到乌巢上空火光四起,急忙派兵去援救淳于琼,又派重兵进攻曹军大营。袁绍增援的军队迫近,有人请求曹操分兵抵抗,曹操怒喝道:"你们只管杀敌! 敌人到了背后,再来报告!"于是,曹兵拼死作战,大破袁军,割了许多将领的头颅,杀死士兵千余人,还把袁军的粮草烧了个一干二净。

乌巢失守后，被袁绍派去攻打曹营的张郃、高览两员大将投降。袁绍失去粮草，军心动摇，曹军乘势猛攻，大获全胜。袁绍惨败，仅带着八百骑兵逃回河北。

诸葛亮草船借箭

三国时期，曹操率八十万大军南征，孙权、刘备不得不结成联盟共同抗曹。孙权手下有位大将叫周瑜，智勇双全，可是心胸狭窄，对刘备的军师诸葛亮的才智很是忌妒。为了除掉诸葛亮，周瑜设下圈套打算置诸葛亮于死地。

这天，周瑜召集众将领议事，特地把诸葛亮请来。周瑜问诸葛亮："我们就要跟曹军交战。水战用什么兵器最好？"诸葛亮回答说："水上交战，自然是弓箭最好。"周瑜说："先生想的跟我一样。但现在军中缺箭，想请先生负责赶造十万支。这是公事，还望先生不要推辞。"诸葛亮说："都督委托的事，我当然竭尽全力。不知道这十万支箭，什么时候要用？"周瑜有意为难诸葛亮，就限定了一个无法完成的期限，说："十天内需要造好。"不料，诸葛亮却说："两军交战迫在眉睫，若等十天，恐怕误了大事！"周瑜听了大为诧异，问道："那先生觉得几日能造好？"诸葛亮笃定地说："只需三天，我就带十万支箭来与都督复命。"

周瑜一听大喜，心想这诸葛亮纵然有通天的本领，也不可能在三天之内造出十万支箭，我让他立下军令状，到时交不出箭正好可以名正言顺地杀掉他。于是，周瑜又说："此事关系重大，先生可不能跟我开玩笑。"诸葛亮说："我怎敢拿军情跟都督开玩笑？我愿立下军令状，三天后拿不出十万支箭，甘愿被重罚。"周瑜正中下怀，心中暗喜，叫诸葛亮当面立下军令状，又摆了酒席招待他。诸葛亮说："今天来不及了。从明天算起的第三天早上，请都督派五百名军士到江边来搬箭。"然后喝了几杯酒就告辞了。

诸葛亮走后，周瑜不放心，又派鲁肃去打探诸葛亮的虚实。诸葛亮知道鲁肃忠厚，愁眉苦脸地对他说："三天如何能够造出十万支箭，先生你可要救我！"鲁肃回答说："你不该夸下海口自取其祸，如今叫我如何救你？"

诸葛亮说："你借我二十只船，每只船上要三十名军士。船用青布幔遮起来，再要一千个草把，分别竖在船的两边。我自有妙用，到第三天保管会有十万支箭。但有一件，千万不能让周瑜知道。他要是知道了，必然从中作梗，我的计划就完不成了。"

鲁肃虽然不明白诸葛亮的用意，还是答应了他的请求。见到周瑜，也不说借船之事，只说诸葛亮并没有准备竹子、羽毛、胶水等造箭的用品。周瑜听了大惑不解，只好说："三天以后，看他怎么办！"

鲁肃私自拨了二十只轻快的小船，每条船上配备三十名军士，并按照诸葛亮的要求，布置好青布幔和草把，等候诸葛亮调用。可是第一天过去了，诸葛亮并没有什么动静。第二天过去了，诸葛亮还是没有什么动静。

直到第三天夜里的四更时分，诸葛亮才悄悄地将鲁肃请到船上。鲁肃不解地问："这是要做什么？"诸葛亮笑着回答说："请先生一起去取箭呀。"鲁肃更加疑惑了，问道："到哪里去取？"诸葛亮摇了摇羽毛扇，神秘地说："先生不用问，跟我去了就知道了。"鲁肃云里雾里，只得跟着诸葛亮去看个究竟。

这天晚上，大雾茫茫，浩荡的长江水面上更是雾气迷蒙，伸手不见五指。诸葛亮命人用绳索将二十只船连在一起，径直向北岸曹军大营进发。到了五更时分，船已经十分靠近曹军的水寨了。诸葛亮下令把船面向西一字排开，又叫船上的军士一边擂鼓，一边大声呐喊。鲁肃吓得大惊失色，说："我们只带了六百兵士，如果曹军倾巢而来，可怎么办啊？"诸葛亮却镇定地说："这大雾漫天，我料定曹操不敢出战。你我只管放心饮酒取乐，等大雾散了就回去。"

果然，那曹操听到擂鼓呐喊的声音，下令说："大雾迷江，敌人忽然来攻，必然有所埋伏，不可轻举妄动。只叫弓弩手朝他们射箭，不让他们近前。"霎那间，箭如雨发，射在船上的草把和布幔上。过了一会儿，诸葛亮又命令掉转船头，让军士们加劲擂鼓呐喊，让曹军把箭射在船的另外一面。

天渐渐亮了，雾慢慢散去了。船两边的草把上，已经密密麻麻地插满了箭。诸葛亮命令二十只船急速驶回南岸，又让军士们齐声高喊："多谢曹丞相借箭！来日战场上奉还！"曹操这才知道上了当，懊悔不已，可是二十只小船顺风顺水，已经飞一样地驶出二十多里，要追也来不及了。

船队靠岸的时候，周瑜派来的五百个军士正好来到江边搬箭。经过清点，每条船大约有五六千支箭，二十条船总数远远超出了十万支。鲁肃见了周瑜，把借箭的经过告诉了他。周瑜本以为诸葛亮这回必死无疑，却没想到他能想出利用大雾天气，去敌人那里取箭这样高明的计策，不由长叹一声，说："诸葛亮神机妙算，我真比不上他！"

郦食其陈留取粮

郦食其是秦末陈留高阳人。他喜好读书，颇有智谋，因为家贫落魄，不得不当了一名看守里门的小吏。等到陈胜、项梁等人反秦起义的时候，攻城略地的将领们一拨又一拨，走马灯似的经过陈留。郦食其知道施展抱负的机会来了,但他冷眼旁观,见这些将领个个鼠目寸光刚愎自用,觉得他们难成气候,就深居简出,隐居了起来。

公元前208年,刘邦途经高阳取道西进,虽然秦军主力不在关内,但沿途重要的关口都有重兵把守,刘邦要到达咸阳仍是困难重重。郦食其听说刘邦具有雄才大略,能够成就一番大业,就去拜见他。

这天,刘邦正坐在床边由两个侍女伺候着洗脚,士兵来报:"有一位叫郦食其的老儒生求见。"刘邦最讨厌的就是儒生,曾经看到他们头戴儒生的帽子来拜见他,就把他们的帽子摘下来,在里边撒尿。刘邦心里不高兴,就很随便地说:"让他进来吧。"

郦食其见刘邦如此傲慢,也不下拜,只是作了个揖,然后高声地说:"您带兵到此,是想帮助秦国攻打各国呢,还是帮助其他各国灭秦?"

刘邦听他这样问话,怒斥道:"哪里来的书呆子!秦王朝暴虐无道,百姓苦不堪言,所以各路诸侯才会起兵反秦。天下都想灭秦,你却问我是不是想帮秦朝?"

郦食其听后却笑了,说:"您果真要召集义师诛灭暴秦吗?那么,接见长者时为什么这样傲慢无礼?打仗没有计谋可不成,您这样怠慢贤士,还有什么人会来献计呢?"

刘邦听他出语不凡,马上停止洗脚,起身整理好衣帽,恭恭敬敬地把郦食其请到上宾的座位,虚心地向他求教。郦食其口若悬河,滔滔不绝地讲起六国合纵连横的谋略。刘邦非常佩服,赶紧让人端上饭食,殷勤地款待郦食其,然后问道:"那您看,我们怎样才能战胜秦国呢?"

郦食其回答说:"您聚集起这些乌合之众,整合所有散乱的兵马也不满一万人。如果带领他们直接和秦兵作战,就好比把羊赶入虎口,毫无胜

算啊！"

　　刘邦忙请教对策，郦食其慢条斯理地说："陈留是天下的交通要道，四通八达，进可战，退可守。现在城里又存了很多粮草。依我之见，您不如先攻占陈留，再以此为据点，招兵买马，图谋天下！"

　　刘邦正愁军粮不足，赶紧问道："您可有妙计取陈留？"郦食其说："陈留县令与我交情不错，我愿意替你去跑一趟，劝说他归顺。他若是不降，您再发兵攻城，我在城内接应，如此，里应外合，肯定能得手！"刘邦听了，连声说："好计，好计！"刘邦让郦食其赶紧去找陈留县令，自己率领精兵在城外等候。

　　郦食其到了县令府上，县令见故人来到，热情地设宴招待。席间，郦食其剖析天下大势，陈说利害得失，委婉地劝说县令归顺刘邦。县令却不为所动,誓与城池共存亡。郦食其见话不投机,马上改变了话题。酒逢知己千杯少,两人把酒言欢,县令痛饮几大觥后,烂醉如泥。

郦食其灌醉了县令,趁夜偷偷地打开了城门,放刘邦的人马入城。陈留的守军措手不及,纷纷投降。刘邦的军队兵不血刃,不费吹灰之力就占领了陈留。刘邦入城后,发现粮仓内果然积粮充裕,就把郦食其封为广野君。

陈留不战而降,刘邦获得了大量的粮草军资,免除了西征的后顾之忧。而且,因为军粮充足,刘邦的部队沿途不抢不夺,深得百姓拥护,一路不断扩编,整体力量大增,为最终夺取天下奠定了基础。

谋攻第三

中心大意

本篇主要论述如何用谋略攻取敌人,提出以智谋战胜敌人,不损失任何的兵力、财力,就迫使敌人屈从于我方的意志,是最好的用兵方法。并揭示了了解自己并了解敌人的将领,方能百战百胜的军事规律。

原文选译

"凡用兵之法,全国为上,破国次之;全军为上,破军次之。"

大凡用兵的法则,完整地使敌国屈服是上策,经过交战击破敌国就次一等;使敌人全军完整地投降是上策,用武力打败敌军就次一等。

"百战百胜,非善之善也;不战而屈人之兵,善之善者也。"

百战百胜,算不上是最高明的;不交战就让敌人屈服,才是最高明的。

"上兵伐谋,其次伐交,其次伐兵,其下攻城。"

用兵最好的方法是用谋略使敌人屈服,其次就是用外交战胜敌人,再次是用武力击败敌人,最下策是攻打敌人的城池使敌人屈服。

"知彼知己者,百战不殆;不知彼而知己,一胜一负;不知彼,不知己,每战必殆。"

了解敌方又了解自己,每一次战斗都不会失败;不了解敌人但了解自己,胜败的几率各半;既不了解敌人又不了解自己,那就每战必败。

兵法故事

管仲齐纨鲁缟耍计谋

春秋时期,齐国和鲁国是邻居。两个国家虽然表面上友好来往,其实都想把对方吞并掉。

一天,齐桓公忧心忡忡地对管仲说:"现在鲁国发展势头很好啊,照这样下去,它的国力总有一天要超过我们齐国,到那时候就麻烦了。爱卿,你可有什么办法钳制一下鲁国呀?"管仲经过深思熟虑,想出了一个计策,他对齐桓公说:"这事不难。从明天开始,大王和众位大臣们只穿鲁缟做的衣服就行了。"

缟是一种又细又白的生绢,鲁国的纺织技术发达,织出来的缟最为轻细,天下闻名,被称为鲁缟。但穿什么布料如何能左右一个国家的实力呢?齐桓公将信将疑,但还是按照管仲的方法去做了。

由于齐桓公和王公贵族们带头穿用鲁缟做的衣服,立即在齐国引起一股以穿鲁缟为荣的潮流。齐国百姓跟风效仿,一时间缟服遍及齐国。管仲还下令禁止齐国百姓织缟,全部从鲁国进口。这样一来,鲁缟就供不应求,价格猛增。

鲁国百姓见织缟有利可图,便纷纷放弃农事织起缟来。管仲还派人张贴公告:鲁国商人给齐国贩来一千匹缟,可以获得三百金;贩来一万匹,可以得到五千金。鲁国百姓见钱眼开,鲁庄公也贪图赋税,放任全国全力织缟。如此一来,鲁国上下全民织缟,百姓们不再种粮食,原本肥沃的田地都荒芜了。

转眼一年过去了,管仲看到时机成熟,突然下令封闭关卡,停止进口鲁缟。同时,又让齐桓公和大臣们改穿齐国出产的一种叫"齐纨"的白绢

做的衣服。用齐纨制作的衣服细致光洁,在齐国上下大为流行,于是再无人穿缟衣了。

这样一来,鲁国人全傻眼了,堆积如山的鲁缟卖不出去了。更为糟糕的是,人误地一时,地误人一年。两季庄稼收成没了,粮食严重短缺,家家户户只能盯着满屋子的鲁缟饿肚子。鲁庄公这才发现中了管仲的计谋,急忙下令停止织缟,可是为时已晚。迫不得已,鲁庄公只好派人到齐国去采购粮食。管仲把粮价一提再提,几乎把鲁国的国库都掏空了,还迫使鲁国签订了尊奉齐桓公的协议。鲁国受此打击后,一蹶不振。

管仲这种"不战而屈人之兵"的做法,让齐桓公佩服不已,他问管仲是如何想到这样高明的计策的。管仲笑着说:"与其说臣的方法巧妙,倒不如说是鲁国人因为贪婪而陷入困境啊。一个人如果被眼前的利益所蒙蔽,还怎么看得到更深远的利害关系呢?"

诸葛亮妙使"空城计"

诸葛亮是三国时期刘备的军师,素以神机妙算著称。早年,诸葛亮在卧龙岗隐居。刘备听说他有经天纬地的过人才能,就和结拜兄弟关羽、张飞带着礼物去请他出山。不巧那天诸葛亮正好出门远游了,刘备只得惆怅而归。

不久,刘备三人又冒着大风雪再次登门拜访,不料诸葛亮又和朋友出外闲游去了。刘备只得留下一封书信,表达对诸葛亮的仰慕之情,并希望他能出山辅佐自己。

过了一些时候,求贤若渴的刘备再次沐浴斋戒,诚心诚意地准备去拜访诸葛亮。关羽对刘备说:"哥哥,你亲自去拜访那诸葛亮,两次都没见着。我猜想他必然是个沽名钓誉的庸人，并没有真才实学，所以才避而不见。"张飞也说："哥哥何必亲去，不过是一介村夫，我去叫来。他若不来，我用一条麻绳捆来就是！"刘备呵斥说："三弟，不得无礼！这等有大贤能的人，哪是轻易就能见着的。"刘备把张飞责备了一顿，又骑上马叫他们一起去拜访诸葛亮。

三人到达卧龙岗，诸葛亮正在家中睡觉。刘备不敢惊动他，恭敬地站在一旁等候。张飞怒冲冲地说："这人怎如此傲慢，哥哥等了这半天，他还装睡不起来。等我去屋后放一把火，看他起来不起来！"刘备忙把张飞拉住，又耐心等了一个多时辰，诸葛亮才慢慢醒来。

诸葛亮得知刘备来拜见他，仍不慌不忙地转入后堂，更衣打扮了好半天才翩翩然出来迎客。即使如此，刘备也没有流露一丝不高兴的神色，虚心地向诸葛亮请教安定天下的大计。诸葛亮被刘备的诚意打动，决定出山，并向他陈述了三分天下之计，提出夺取荆州、益州作为根据地，再伺机争胜天下的战略思想。刘备听后佩服得五体投地，拜诸葛亮为军师。这就是有名的"三顾茅庐"的故事。

此后，诸葛亮施展自己的智谋，帮助刘备建立了蜀国，与曹操的魏国、孙权的吴国三足鼎立。公元 228 年，诸葛亮为帮助刘备实现其统一大业的心愿，发动了北伐魏国的战争，却因错用马谡而失掉战略要地街亭，使蜀国陷入危险之中。诸葛亮后悔不迭，无奈只得让大军退守汉中，只留下五千兵马驻守西城县。不料，魏国的大将军司马懿，乘势带领十五万大军向诸葛亮所在的西城蜂拥而来。

当时，诸葛亮身边没有大将，只有一班文官。手头的五千兵马，也有一半运粮草去了，只剩两千五百名士兵在城里，与十五万大军对抗无异于以卵击石。众人听到司马懿带兵前来的消息,全都大惊失色。大敌压城,生死就在一念间。诸葛亮立刻登上城楼观望,果然尘土冲天,魏国军队已经分两路包抄而来。在这危在旦夕之时,诸葛亮急中生智,镇定地对众人说:"大家莫要惊慌,我略用计策,便可叫司马懿退兵。"

于是,诸葛亮下令,把所有旌旗都藏起来,所有士兵原地不动,如有私自出城或大声喧哗的,立即斩首。又传令把四个城门打开,每个城门上派二十名士兵装扮成百姓模样,洒水扫地。

诸葛亮自己戴上纶巾,披上鹤氅,领着两个小书童,带着一张琴,到城楼上凭栏坐下。然后,燃起一支香,慢慢弹起琴来。

司马懿的前哨到达城下,见了这场景,不敢轻举妄动,急忙返回向司马懿报告。司马懿听后,笑着说:"这怎么可能呢?"于是命令三军停下,自己飞马前去观望。

远远地,司马懿就看见诸葛亮端坐在城楼上,笑容可掬,正在风度翩翩地弹琴。他身后站着两个书童,也是微微笑着。城门里外,二十多个百

姓模样的人在低头洒扫,旁若无人。

司马懿越看越怀疑,越想越害怕。他马上下令,后军变前军,前军变后军,立刻撤退！他的二儿子司马昭说:"父亲,为何要退兵?说不定这城中根本没有兵马,诸葛亮故弄玄虚,使计让我们不敢攻打。"司马懿回答说:"诸葛亮办事历来谨慎,一生不曾冒险。今天却城门四开,城内必有大军埋伏。我们贸然进去,必然中了他的诡计。还是快快撤退吧!"于是,各路兵马都退了回去。

在没有能力对抗敌人时,故意暴露自己实力的空虚,借以迷惑敌人,使敌人犹豫不决不敢进攻的心理战术,兵法上称之为"空城计"。要施行"空城计",智慧和勇气缺一不可。诸葛亮知己知彼,临危不乱,以其过人的智谋和胆略,虚张声势,退却数万敌兵,充分展示了他在军事上的胆略和才能,堪称不战而退敌的典范。

李广临危巧布迷局

李广是汉朝有名的将领,他出身于将门世家,年轻时就精通骑射。有一次,他出门打猎,看见草丛中有一个黑影,似动非动,像是一只老虎。李广拉弓搭箭,用尽全力地射了一箭。只听"嗖"的一声,正中猎物！李广一喜,上前察看却大吃一惊,原来所射的并不是老虎,而是一块巨石。再仔细一看,那箭头竟然整个没入了石头里面。围拢过来观看的众人,看到这情景都赞叹不已。

汉文帝时,匈奴大举入侵。李广从军抗击匈奴,因为作战勇猛被任为汉中郎。他曾随汉文帝出行,每次不管是冲锋陷阵抵御敌寇,还是与猛兽搏斗,都奋不顾身全力以赴,因而汉文帝说:"可惜呀,你生不逢时,如果生

在汉高祖那个时代,封个万户侯也不在话下!"

汉景帝时,"七国之乱"爆发,李广任骁骑都尉,随太尉周亚夫抗击吴楚叛军。在昌邑城下,李广夺取叛军军旗,立了大功,以此名声显扬。后来,李广在多个地方任太守,都因骁勇善战而名声显赫。匈奴称李广为"飞将军",一听到他的名字就闻风丧胆,不敢来犯,唐代诗人王昌龄在《出塞》诗中就曾写道:"但使龙城飞将在,不教胡马度阴山。"

后来,匈奴大举入侵上郡,汉景帝派亲近的宦官跟随李广整训士兵,抗击匈奴。一次,这位宦官带了几十名骑兵,纵马驰骋,遇到三个匈奴人,与他们交战。那三人射箭伤了宦官,几十名骑兵也被射杀将尽。宦官逃回来告诉李广,李广说:"这三个射雕的人一定还没走远。"于是,李广带领一百名骑兵,急追这三人。果然,那三人没有马,徒步行走,刚走了几十里。李广命令骑兵散开,从左右两面包抄,亲自射杀了两人,活捉了一人。

　　李广带着一百骑兵正准备回营,远远望见有几千名匈奴骑兵赶了上来。李广的骑兵们看到那么多匈奴兵,不由得慌了,吓得立刻掉转马头准备往回逃。李广赶紧制止他们说:"我们离大营还有几十里。如果现在往回跑,匈奴兵追上来,我们就完了。现在只有放手一搏,让匈奴兵以为我们是为大军来诱敌的,使他们不敢来袭击。"

　　于是,李广命令骑兵继续前进,直到离开匈奴阵地二里左右的地方,才停了下来。李广又下令说:"全体下马解鞍,就地休息!"他的骑兵担心地说:"将军,匈奴兵马这么多,又离得这么近,如果突然向我们发动袭击,如何应对啊?"李广说:"我们把马鞍都解下来,就表示不走了,匈奴兵会更加相信我们是来诱敌的。"果然,匈奴兵看到李广这样做,只是远远地观望汉军动静,不敢上前袭击。

　　这时,有个骑白马的匈奴将军,走出阵列来巡视队伍。李广突然跃上马背,带着十几名骑兵奔驰上去,一箭射杀了这个将军。然后又回到自己的队伍中间,解下马鞍,下马躺在地上休息。不过是电光火石之间,李广就干净利落地解决了一名匈奴将军。他精准的箭法和勇猛的气势,把所有匈奴兵都震住了。

　　夜幕慢慢降临了,李广和他的骑兵们还是不慌不忙地休息着。匈奴兵怀疑汉军的伏兵准备在夜间袭击他们,就全部撤走了。李广在敌众我寡的情况下,运用智谋迷惑敌人,得以顺利脱险,带着一百多骑兵安然回到大营。

军形第四

┌─ 中心大意 ─┐

　　本篇主要论述根据敌我双方军事实力的强弱,灵活机动地采取攻、守两种作战形式,以达到在战争中保全自己、消灭敌人的目的。指出军队作战首先要使自己立于不败之地,然后寻求敌人的可乘之机,以压倒性的优势,给予敌人致命的打击。

┌─ 原文选译 ─┐

　　"胜可知,而不可为。"

　　胜利可以预知,但敌人是否给我们可乘之机,被我方战胜,却不能强求。

"善守者，藏于九地之下；善攻者，动于九天之上，故能自保而全胜也。"

善于防守的人，像藏身在深不可知的地下一样，使敌人无处可寻；善于进攻的人，像在高不可测的天上行动一样，使敌人无从防备。因此，能够既保全自己，又获得完全的胜利。

"故善战者，立于不败之地，而不失敌之败也。"

所以善于用兵作战的人，要创造条件，始终使自己处于不被敌人战胜的境地，然后等待并不放过任何可以打败敌人的机会。

"故胜兵若以镒称铢，败兵若以铢称镒。胜者之战民也，若决积水于千仞之溪者，形也。"

所以就双方军事实力的强弱来说，获胜的军队较之于失败的军队，就如同用镒对铢那样具有绝对优势的地位；失败的军队较之于获胜的军队来说，就如同用铢对镒那样处于绝对劣势的地位。胜利者在指挥军队打仗的时候，就像积水从八千尺高的山涧冲决而出，势不可当，这是强大的军事实力的表现。

◆◆ 兵法故事 ◆◆

李牧积蓄力量破匈奴

战国末年，赵孝成王派大将军李牧驻守雁门郡，抗击匈奴。赵王赋予了李牧根据战争需要设置官吏的权力，一郡的赋税也全部用作军事开支。上任后，李牧一面小心看守烽火台，严格训练士兵骑射，一面日日宰杀牛羊犒赏士兵，全军将士得到李牧的厚待，人人争先，个个奋勇，都希望能为国出力效劳。

虽然士气高涨，李牧却严令全体士卒不得出战："若匈奴来犯，全体将士退入营垒固守，不得贪功而出击杀敌。如有违抗，定斩不饶！"因而，每次匈奴策马入侵，烽烟一起，精壮的赵国士兵虽然战备严整，却只严防死守而无一人出战。因为防守做得滴水不漏，李牧的军队虽无人立功，但人马物资也没有受到损害。好几年过去了，双方一直这样对峙。时间一长，不但匈奴开始嘲笑李牧无能，赵国的士兵也觉得自己的主将胆小怯战。事情传到赵王耳中，赵王发怒，罢免了李牧，派别人代他领兵。

新来的将领改变策略，赵军不再一味防守。此后一年多，匈奴每次来侵犯，就出兵交战。结果，每次出战都不利，士兵的伤亡很多，物资的损失很大，边境上的百姓也无法耕田、放牧，纷纷逃亡。赵王这才后悔，他想召回李牧重新起用。李牧却闭门装病不肯出任，赵王再三来请，李牧就说："大王一定要用我，我还是会和以前一样做。大王同意了，我才敢接受您的命令。"赵王爽快地答应了。

李牧重返雁门，仍采用以前的固守战术。匈奴每次满怀希望而来，一无所获而归。他们以为李牧怯懦畏战，骄傲轻敌的情绪日渐滋长。此时，赵国边境的士兵每天得到赏赐却无用武之地，士气高昂，人人求战。李牧见时机已经成熟，就整顿军队，选出战车一千三百乘，战马一万三千匹，敢于冲锋陷阵的勇士五万人，善射的士兵十万人，全部组织起来训练作战。

匈奴是游牧民族，居无定所，哪里水草好就去哪里。汉人如果主动出击，往往在找到匈奴主力之前就弹尽粮绝。因而汉军历来最头疼的，就是找不到匈奴的主力，无法与之决战。所以对付匈奴的最佳策略，就是诱敌深入然后一举歼灭。

　　为了引诱匈奴,李牧将大批的牲畜放牧在草原上。当匈奴小股人马前来抢夺时,李牧假装战败而撤退。匈奴单于听说这种情况,以为李牧仍然只守不攻,就率领大批人马入侵,准备大肆掳掠。李牧趁机设伏,大破匈奴,杀骑兵十多万人。

　　孙子说,用兵打仗,要立于不败之地,以等待敌人可以被打败的时机。李牧以退为进,养精蓄锐,耐心等候战机,最终大败匈奴,使其十几年不敢靠近赵国边境。

以逸待劳王翦破楚

王翦是战国末期秦国的著名将领,他一生战功无数,智勇双全,与白起、李牧、廉颇并称为战国四大名将。

公元前 224 年,秦王嬴政召集群臣,商议灭楚大计。嬴政先询问了年轻骁勇的猛将李信:"寡人想要灭了楚国,李将军觉需要用多少兵马?"李信回答道:"二十万兵马也就够了。"嬴政又问王翦的意见,王翦却说:"没有六十万兵马,攻不下来。"嬴政听了此话,心想王翦果然是年纪大了,说:"王将军老了,竟这样胆怯畏敌。李将军勇气可嘉,寡人就给你二十万大军,与蒙恬将军一起南下伐楚。"王翦听嬴政这样说,就称病辞官,告老还乡了。

李信率领的秦军到达楚国后,一开始没有遇到楚军的重大抵抗,接连攻下两城。后楚军统帅项燕故意示弱,保留精锐部队突袭李信,并兼程追赶秦军三天三夜,秦军被折磨得疲惫不堪遭受大败,连失两座营垒,七名都尉阵亡,损失惨重。李信在蒙恬军的掩护下,才仓皇逃回秦国。

嬴政得知这个消息,大为震怒。他这才后悔没有听从王翦的建议,亲自到王翦的老家频阳,向他谢罪说:"寡人没有听从将军的话,李信果然使秦军蒙受了耻辱。如今楚军正一天天向西逼进,将军虽有病在身,怎忍心抛弃寡人?"王翦推托说:"老臣年老多病,不堪重用,还望大王另择良将。"嬴政再三请求,王翦就说:"大王一定要用老臣,非得给六十万大军不可。"嬴政答应了。

于是,王翦带领着六十万秦军准备启程伐楚,嬴政亲自送他到霸上。临行前,王翦请求嬴政多赐良田宅地给他,嬴政疑惑地问道:"将军既已出兵,还担心没有钱财吗?"王翦回答说:"老臣跟随大王多年,虽立战功却始终不能封侯。所以趁此机会多求良田屋宅,好为子孙后代置下家产。"嬴政听了不禁哈哈大笑。出关前,王翦又五次派使者回朝求良田。他的部下不理解老将军的做法,觉得他还未得战功先求奖赏不太合适。王翦却说:"秦王粗暴又不信任人,如今倾尽全国兵力交付于我,要被他信任极为困难。我只有用多请田宅作为子孙基业的方法,打消秦王对我的疑虑。"原来,王翦是用讨赏的方式来表达自己的忠心,表明自己志在敛财,无意于权力,借此消除秦王怕他拥兵自立的疑惧。

秦军抵达楚国后,王翦命令就地扎营,高筑营垒,坚壁不出。六十万士兵每天饱食餐饭,以投掷石头、比赛跳远作为娱乐,养精蓄锐,以待最后殊死一战。如此相持数月,楚军一日数次到秦军营前叫阵挑战,可是王翦高悬免战牌,就是不予理睬。楚军将领项燕见秦军数月不出,就引兵向东。正当楚军调动之际,王翦命令全军出击,大破楚军。楚军兵败东逃,秦军追至蕲南,平定楚属各地,并斩杀楚将项燕,俘虏楚王。昔日强大的楚国,就这样被秦国吞并。

王翦破楚一战,是运用"以逸待劳"谋略的典型战役。当时秦国已平定三国,后方物资支援稳定,能够打持久战;而楚国国力远逊于秦国,举全国兵力抗秦,经不起长期消耗。因此王翦入楚后,拖延战事以消磨敌人斗志,等到楚军疲乏转移之时趁机将其一举歼灭!王翦凯旋后,嬴政不禁赞扬他说:"老将军真乃良将也!"

周亚夫逸兵平叛军

汉文帝时期,日渐强大的匈奴屡屡进犯北部边境。汉文帝调遣了三支军队护卫京师,分别让将军刘礼的军队驻扎在霸上,将军徐厉的军队驻扎在棘门,将军周亚夫的军队驻扎在细柳。

为鼓舞士气,汉文帝亲自去军营中犒劳慰问将士。他先到了霸上,再到棘门,这两处军营都不用通报。皇帝的车队进入后畅通无阻,将军和部下们都骑着马迎送。

最后,汉文帝来到了周亚夫的细柳营,这里却和前面两处截然不同。只见将士们都披戴盔甲,手持利器,戒备森严。汉文帝的先行卫队被拦在了营门外,卫兵们说:"皇上就要驾到了,还不速速放行!"把守营门的都尉却回答:"将军有令,军中只听将军号令,不接受天子诏令。"过了一会儿,汉文帝到了军营门口,也被毫不留情地拦下了。汉文帝只好派使者拿符节进去通报,周亚夫才传令打开营门。

进到军营中,守卫的士兵又对汉文帝的随从们说:"将军有令,军营中不许车马急驰。"于是,皇帝的车队只能拉着缰绳,缓缓而行。到了大营前,周亚夫一身戎装,手持兵器向汉文帝行礼说:"皇上,臣有盔甲在身,不便跪拜,请准许臣按军礼拜见。"汉文帝见周亚夫治军有方,军纪严明,不禁为之动容,不仅没有责怪他,还让人致意说:"皇帝敬重将军威仪,向将士们表示慰问。"

劳军完毕,出了细柳营,汉文帝感叹地对惊讶不已的大臣们说:"这才是真将军啊!先前霸上、棘门的军营,简直如同儿戏一般。如果匈奴人来偷袭,恐怕他们的将军也要被俘虏了。可是像周亚夫这样的,有谁敢来袭击他?"好长一段时间里,汉文帝都对周亚夫赞不绝口。后来,汉文帝在病重弥留之际,嘱咐太子刘启也就是后来的汉景帝说:"国家危急之时,可以重用周亚夫。"

公元前154年,吴王刘濞联合楚王、胶西王等七位诸侯王发动叛乱,史称"七国之乱"。汉景帝想起了父亲临终前的话,就封周亚夫为太尉,领兵平叛。

这时,叛乱军正猛攻梁国,周亚夫给汉景帝分析了形势,楚军精锐剽悍,又值气势旺盛,一时难以与之争锋。梁王忠心勇猛,可以阻挡一段时间,提出了先从叛军背后断其粮道,再伺机击溃叛军的计策。汉景帝认为周亚夫言之有理,同意了他的计策。于是,周亚夫日夜兼程,直奔吴楚后方。

而梁国被叛军轮番急攻,局势危在旦夕。梁王向周亚夫求援,周亚夫却在昌邑城坚守不出,让梁王固守,以消耗敌人的锐气。梁王再次派人求援,周亚夫还是不发救兵。梁王又写信给汉景帝求援,汉景帝下诏命令周亚夫进兵增援,周亚夫却还是按兵不动。梁王见外援无望,只得命令军队拼死抵御,与吴楚联军僵持。

梁国城池坚固,防守严密,叛军久久不能攻克,于是转而奔向周亚夫的军队。可是,周亚夫仍旧坚壁不出,只是暗中派轻骑兵截断了叛军的粮道,还劫去叛军的粮食。叛军粮草断绝开始闹饥荒,他们屡次向周亚夫的军队挑战,周亚夫就是不予理睬。叛军粮绝,只好孤注一掷,强攻周亚夫的军营。

这天晚上,大批的兵马涌到军营前,喊杀声震天,连周亚夫的大帐里都能听见,但周亚夫始终躺在床上不动,他料定这是叛军在虚张声势。果然,声音很快平息了。后来,叛军又声势浩大地佯攻军营的东南面,周亚夫识破了他们的计谋,命令在西北面严加守备,打退了叛军主力的进攻。叛军见声东击西的计划失败,引兵撤退。这时,周亚夫派出精兵追击,以强击弱,以逸攻疲,杀得叛军死伤无数,四处逃散。周亚夫乘胜追击,大破吴楚联军,彻底平定了这场来势汹汹的叛乱。

周亚夫在平叛的过程中,先使用疲敌之计,按兵不动,任由叛军攻打梁国。然后任由叛军挑衅,坚壁不出,使叛军认为其是无用之人,从而麻痹敌人。最后,以逸待劳,抓住时机一举剿灭叛军。经过这次战役,西汉诸侯王势力的威胁基本被清除,西汉王朝的统一得到了维护,中央集权得到了进一步的巩固和加强。

兵势第五

中心大意

　　本篇论述了兵力的配置、将士的士气等主观、易变的因素,指出要在增强军事实力的基础上,发挥将帅的指挥才能,营造有利的作战态势,出奇制胜地打击敌人,夺取战争的胜利。

原文选译

"凡战者,以正合,以奇胜。"

大凡作战,都是以正兵作正面交战,而用奇兵去出奇制胜。

"激水之疾,至于漂石者,势也;鸷鸟之疾,至于毁折者,节也。是故善战者,其势险,其节短。势如彍弩,节如发机。"

湍急的流水以飞快的速度奔泻,以致能漂动大石,是由于水势强大的缘故;猛禽搏击雀鸟,一举可置于死地,是由于节奏恰当的关系。所以善于作战的将帅,他所造成的态势是险峻的,行动的节奏是短促有力的。这种态势,就像满弓待发的弩那样蓄势;这种节奏,正如触发弩机那样果断。

"故善动敌者,形之,敌必从之;予之,敌必取之。以利动之,以卒待之。"

善于调动敌军的人,向敌军展示一种或真或假的军情,敌军必然据此判断而跟从;给予敌军一点实际利益作为诱饵,敌军必然趋利而来。以小利引诱调动敌人,以伏兵待机击破敌人。

"故善战人之势,如转圆石于千仞之山者,势也。"

善于指挥打仗的人所造就的态势,就像让圆石从极为陡峭的万丈高山上滚下来一样,来势凶猛,无可阻挡,这就是所谓的"势"。

兵法故事

司马懿装病示弱夺权

三国时期,曹操任命司马懿为太子中庶子,以佐助长子曹丕,司马懿深得曹丕的信任。曹丕临终时,令司马懿与曹真等为辅政大臣,辅佐魏明帝曹叡,司马懿被任命为大将军、太尉等重职。曹叡死前,忧其子曹芳年幼,又托孤给司马懿和宗室大臣曹爽。

司马懿辅佐了曹氏四代君王,德高望重,而且深谙用兵之道。在蜀魏战场上,智谋能与诸葛亮抗衡的只有司马懿。他采取的拖延战术,致使诸葛亮北伐中原接连失利,含恨病死五丈原。东吴的孙权对他更为顾忌,曾说:"司马懿用兵,可谓变化若神,所向无敌。"在频繁的用兵中,司马懿逐渐掌握了曹魏的军权,成为最有权势的大臣。

然而,曹芳继位后,司马懿遭到了曹爽的排挤。曹爽以小皇帝曹芳的名义颁发诏书,提升司马懿为太傅。太傅是皇帝的老师,地位尊崇,但无实权。实际上是给司马懿一个虚名,剥夺了他的实权。与此同时,曹爽任命自己的心腹为朝廷重臣掌握了朝政,又让几个弟弟统率军队抓住兵权,独揽了军政大权。

面对这种形势,司马懿极为不满,但一时又无能为力。于是,司马懿上书请求告老还乡。然后,一面在家装病,韬光养晦,一面暗中联络心腹,等待良机。

曹爽对司马懿并不放心,这年冬天,曹爽的心腹李胜调任荆州刺史。曹爽便让他以辞行为名,前去察看司马懿的动静。司马懿得知李胜要来,便将计就计,披散了头发躺在床上,装出一副病得快死了的样子。李胜来后,司马懿有气无力地倚坐在床上见客。

李胜与他谈话时,司马懿故意装聋作哑,前言不搭后语。婢女侍候他穿衣服,他抖抖索索地抓不住,衣服也掉在地上;婢女服侍他喝粥,他好似难以下咽,粥水从他嘴角流了下来,洒满了前胸。李胜说:"当今主上尚且年幼,国事还有赖于您。我听说您的旧病复发,却没想到如此严重。如今我承蒙皇恩,要去荆州任刺史,特来向您告辞。"

司马懿作出气喘吁吁的样子说:"我年老病重,死在旦夕,恐怕再不能相见了。您要去并州,并州靠近胡地,可得小心防范。"李胜纠正道:"太傅听差了,我是去荆州,不是去并州。"司马懿又假装糊涂,说:"您到并州,请努力保重。"李胜在司马懿耳边大声地又重复了一遍:"我是回荆州,不是去并州!"这回司马懿总算有点明白了,说:"我真是老糊涂了,没有听清您的话。您调回荆州,正是建立功业的好机会。"

最后,司马懿推心置腹地拜托李胜,两个儿子司马师和司马昭都不成器,自己死后还请李胜多多照顾。

司马懿的这场表演非常出色,李胜竟信以为真。他回去将其所见所闻详细告诉曹爽,并说:"司马懿胡言乱语,语无伦次,已经形神离散,不过是具尚有热气的尸体罢了,不足为虑了。"曹爽等听后,非常高兴,更加无所忌惮了。他们做梦也没想到,老谋深算的司马懿正在紧锣密鼓地策划着一场政变。

公元 249 年 1 月 6 日,魏帝曹芳到洛阳城南的魏明帝陵墓高平陵去祭祀,曹爽兄弟及其亲信们都随同前往。大司农桓范曾多次规劝曹爽:"你们兄弟几人总揽大权,掌握禁兵,不宜一起出城。万一有人关闭城门,谁来接应你们进城呢?"但曹爽不以为然地说:"谁敢这样做!"结果,不幸被桓范言中。这次曹爽外出,司马懿看准时机,以迅雷不及掩耳之势发动了政变,控制了京都,并以谋反之罪将曹爽灭族。

司马懿装病示弱麻痹敌人,出其不意地发动政变,消除了由曹爽领导的曹氏宗室在朝中的势力,完全控制了曹魏朝政,为日后司马炎代魏立晋奠定了基础。

冒顿鸣镝飞射谋王位

匈奴是中国北方一个古老的游牧民族,曾出了一位既凶残又狡黠的匈奴王叫冒顿。冒顿是他的父亲头曼单于的长子,被立为继承人。后来,头曼钟爱的阏氏生了个儿子,头曼就想废除冒顿立小儿子为继承人。于是,头曼就派冒顿到月氏国去当人质,然后急攻月氏,想借月氏的手杀掉冒顿。但有勇有谋的冒顿,盗取了月氏的良马,骑着它逃回了匈奴。

匈奴人素来敬重英雄,头曼见冒顿死里逃生,爱惜他的英勇,就让他统领一万骑兵。这时的冒顿,已经对父亲恨之入骨,但他隐忍着不敢轻易发难。于是,冒顿独辟蹊径地打造了一种名叫"鸣镝"的响箭,并下令说:"我的鸣镝射向哪,所有人必须立刻射向哪,犹疑晚射的一律斩首。"然后,冒顿带领众人去射猎鸟兽,他将鸣镝射向一只猎物,有些人没有射鸣镝所射的目标,冒顿二话不说就把他们杀了。这样几次三番下来,果然是鸣镝射向哪里,匈奴兵的箭就跟着射到哪里。

一段时间后,冒顿见训练初见成效,就突然将鸣镝射向自己心爱的坐骑。匈奴人爱马如命，有些人迟疑不敢射击，冒顿立即杀了他们。过了些日子，冒顿又把鸣镝射向自己心爱的妻子，有些人感到恐惧迟疑着不敢射击，冒顿又把他们杀了。用这种条件反射式的残酷方法，冒顿把骑兵们训练成了无条件坚决执行自己命令的"机器人"。

为了检验训练的成果，冒顿在一次狩猎中将鸣镝射向了头曼单于的宝马，刹那间一阵箭雨随之而去，将头曼的宝马射成了刺猬。冒顿非常满意，他知道时机成熟了。没过多久，冒顿在跟随头曼单于打猎时，将鸣镝瞄准了最终的目标——头曼单于。不出所料，数不清的飞箭，伴随着凄厉的呼啸声朝老单于射去，头曼还来不及反应，就连人带马一起被射死了。之后，冒顿又把他的后母、弟弟和反对他的人全部杀死，自立为单于。冒顿用这种残暴的方式，夺取了王位。

冒顿即位时，匈奴受月氏国、东胡国、秦国三面环伺，仍然潜伏着重重危机。东胡王听说冒顿杀父自立，就乘其立足未稳，趁火打劫。他派使者对冒顿说："我们大王看上了令尊的一匹千里马，望单于割爱。"群臣们都说："那千里马是匈奴的宝马，怎么能给东胡人呢！"冒顿却说："东胡与我们是邻国，我何必吝惜一匹马，而伤了两国的和气呢？"就把千里马给了东胡。东胡王得寸进尺，又来索要冒顿的阏氏。左右大臣都很气愤，说："东胡欺人太甚，竟来要单于的阏氏，请出兵攻打他们！"冒顿却说："一个女人而已，何必因此而伤了两国的和气呢？"仍然满足了东胡王的要求，把自己喜爱的阏氏送给了东胡。东胡王认为冒顿软弱可欺，不再将其放在眼里。冒顿单于乘机稳固统治，训练士兵，扩充军队。

不久，东胡王又派使者来索要东胡与匈奴之间的大片空地。冒顿再次征询群臣的意见，有人说："这是被丢弃的空地，无人居住，给东胡也可以,不给东胡也可以。"冒顿勃然大怒,斥责说:"土地是国家的根本,怎么能赠予他人!"冒顿把那些赞成给东胡空地的人全杀了,然后出动全国的兵力突袭东胡。

一时间,铺天盖地的匈奴铁骑倾巢而出,东胡因为轻视匈奴而麻痹大意,没有任何防备,被打了个措手不及。东胡王被杀,东胡的妇女和牲畜财产也被匈奴掠夺一空。此后,经过一系列的大征伐,冒顿控制了西域二十六国,使北方各族全部臣服于匈奴。冒顿雄踞大漠南北,直接威胁中原。

李愬雪夜奇袭蔡州

唐"安史之乱"后,藩镇割据的局面愈演愈烈,成为朝廷的一大祸患。公元 814 年,淮西节度使吴少阳卒,其子吴元济隐瞒吴少阳死亡的消息,径自接掌军务,拥兵自立。一向有志于削藩的唐宪宗,决定对淮西用兵,讨伐吴元济。

公元 815 年,唐宪宗擢升主张用兵的裴度为宰相,令其主持征讨。身为太子詹事的李愬自告奋勇,被宪宗皇帝任命为西路唐军统帅。李愬来到唐州前线后,制订了一个大胆的计划:对蔡州发动突然袭击,一举生擒吴元济!

为了奇袭计划的成功,李愬进行了周密的部署。他上表奏请朝廷,增调两千名精锐,增强了西线的军事力量。他亲自慰问将士,抚恤伤员,又故意示弱骄敌,对出城来迎接他的官员们说:"皇上知道我懦弱怕事,能够忍受屈辱,所以才派我来抚慰你们。至于攻城作战,那并不是我的职责。"淮西军于是掉以轻心,对西路唐军不再严加防范。最后,李愬先后攻取了蔡州附近的马鞍山等据点,扫除了外围,孤立了蔡州,并将主力进驻蔡州附近的文城栅。此外,李愬还优待俘虏,大胆重用降将,很快摸透了敌情,为避实击虚、奇袭蔡州奠定了基础。

农历九月,北线的唐军捷报频传,吴元济军的主力被调去洄曲附近防守,蔡州守备异常空虚。李愬认为时机成熟,决定实施奇袭。他派人将奇袭计划密呈来淮西督战的宰相裴度,裴度看了后十分赞赏并立即批准了,说:"要破蔡州,非出奇计不能制胜。"

农历十月十五日,朔风四起,大雪纷飞,大地一片银装素裹。李愬调兵遣将,以训练有素的敢死队三千人为前锋,自己与监军带领三千人为中军,另派三千人殿后。这次行动十分隐秘,部将们都不知道行军的目的地和任务,李愬只是命令:"朝东前进!"

东行六十里后,唐军在夜间抵达张柴村,将猝不及防的守军全部歼灭,负责烽火台报警的士兵也都被杀了。稍事休整后,李愬命令五百人留守张柴,防备朗山方向之敌,并截断通往洄曲的路。然后下令全军立即开拔,连夜继续进发。

将领们再也沉不住气了,再次询问到底向什么地方进军,李愬这才宣布说:"入蔡州,直取吴元济!"诸将听了大惊失色,但军令如山,只得带领队伍冒雪行军。

此时,夜深天寒,猛烈的北风夹卷着鹅毛大雪,令旌旗破裂,更是像刀子一般刮着将士们的脸,不少年轻力壮的士兵都被冻死了,马匹也冻死了不少。从张柴通往蔡州的路,是唐军无人认识的小路。人人以为必死无疑,但众人都畏惧李愬,无人敢违抗命令。

夜半,雪愈下愈大,唐军强行军七十里后,神不知、鬼不觉地到达蔡州。李愬传令士兵们噤声，并将马嘴用布包起来。他见附近有一片养鹅鸭的池塘，心生一计，让士兵拿了竹竿，把鹅鸭打得呱呱乱叫，以掩盖人马发出的响声。

自藩镇割据以来，唐朝官军已经有三十多年没有到过蔡州城了，所以淮西军毫无戒备，一点也没有发现唐军的行动。唐军到达蔡州城下，在城墙上挖出土坎，悄无声息地攀爬而上，把正在熟睡的守城士兵全部杀死，只留下巡夜者，让他们照常打更，以免惊动敌人。

进入城内的唐军士兵将城门大开，放大军进入内城，把吴元济住的宅院团团围住。正是鸡鸣时分，雪渐渐止住了，有人觉察到情形有异，急忙报告吴元济："不好了，官军杀进来了！"吴元济高卧不起，笑着回答说："这一定是囚犯们在闹事，等天亮了，看我怎么收拾他们！"话音刚落，又有士兵慌慌张张地跑进来说："不得了了，城门已经被官军打开了！"吴元

济奇怪道:"这样的风雪天,难道官军是插了翅膀飞进来的? 张柴的烽火台也没有报信啊? 对了,一定是洄曲的守军索要寒衣来了!"吴元济慢吞吞地穿衣起床,这时院子里传来一阵阵吆喝传令声,听兵士的应答似乎有成千上万人。吴元济这才害怕起来,赶紧带领亲兵,登上内城的牙城进行抵抗。

当时,吴元济的大将董重质带领一万精锐驻扎在洄曲,他见大势已去便投降了,吴元济最后的希望也破灭了。李愬攻下牙城,生擒了吴元济,申、光二州以及各城镇军两万多人相继前来归降。淮西地区得到完全平定。其他藩镇因此恐惧不安,纷纷归顺朝廷,藩镇割据的局面暂告结束。

天气变化往往是偶然现象,将领如能巧妙利用这种偶然因素,有助于出其不意地克敌制胜。李愬正是利用风雪如晦、烽火不接的天气,孤军深入,置全军于死地而取胜,成为军事史上一次令人津津乐道的奇袭战例。

虚实第六

中心大意

本篇阐述了在作战时必须避实击虚,通过兵力的分散、集结,造成预定会战地点上的我强敌劣、以多胜少。指出要调动敌人而不被敌人所调动,主动灵活地争取战争的胜利。

原文选译

"凡先处战地而待敌者佚,后处战地而趋战者劳。故善战者,致人而不致于人。"

大凡先占据战场等待敌军的就主动安逸,而后到达战场仓促应战的就被动疲劳。所以,善于打仗的将领,能够调动敌人而不被敌人所调动。

"故形人而我无形,则我专而敌分。我专为一,敌分为十,是以十攻其一也,则我众而敌寡。能以众击寡者,则吾之所与战者约矣。"

所以,要使敌军暴露实情而我军隐蔽痕迹,这样我军兵力就可以集中而敌军兵力就不得不分散。如果敌我总兵力相当,我集中兵力于一点,而敌人分散为十处,我就是以十对一,这样就造成了我众敌寡的有利态势。能做到以众击寡,那么同我军正面作战的敌人也就有限了。

"夫兵形象水,水之形,避高而趋下;兵之形,避实而击虚。水因地而制流,兵因敌而制胜。故兵无常势,水无常形;能因敌变化而取胜者,谓之神。"

用兵的规律就像水一样,水的流动是避开高处流向低处,用兵取胜的关键是避开敌人强大的地方而攻击敌人的薄弱环节;水根据地势来决定流向,作战则根据敌情来采取不同的战略战术。所以用兵作战没有一成不变的模式,正如水流没有固定的形态。能够根据敌情的变化而灵活机动取胜的,就称得上用兵如神。

兵法故事

关羽大意失荆州

三国时期,蜀汉的大将关羽镇守着战略要地荆州。后来,关羽攻打曹操。恰逢汉水暴涨,关羽利用大水淹没了曹操大将于禁的七支大军,乘胜包围了曹军占据的樊城。

曹操为解樊城之围,想出了一个一箭双雕的主意。他写信给东吴的孙权,劝说孙权乘现在荆州后防空虚,攻取被刘备夺去的荆州。荆州被夺,关羽定会撤军回救,樊城之围自然就解除了。

早前,孙权为了联合刘备对抗曹操,派人前去求亲,想娶关羽的女儿做儿媳妇。可是关羽断然拒绝,还说:"我的虎女怎能配你那犬子!"孙权耿耿于怀,记恨于心,所以一接到曹操的书信,就欣然同意攻取荆州,并把这个任务交给了大将吕蒙。

吕蒙从密探口中得知,荆州军马整肃,沿江都设有烽火台,早就有所防备。为了麻痹关羽,吕蒙对外假称病危。孙权依计召吕蒙去建业养病,另派年轻的陆逊接替吕蒙。

陆逊一上任,就派人带着礼物去见关羽,还写了一封信对关羽水淹于禁七军的事大加赞美,说自己对他是万分仰慕,并希望孙刘两家能够长期交好。关羽看完信,嗤笑道:"孙权真是见识短浅,竟派这样乳臭未干的小子做将军。"关羽向来自傲,这下更加觉得陆逊初出茅庐,不足为患,就放松了警惕,陆续把防守荆州的人马调拨到了樊城。

孙权得知荆州的兵马被调走,防守空虚,便任命吕蒙为大都督起兵攻打荆州。吕蒙点兵三万,然后将八十多艘战船伪装成商船,将精兵伪装成客商隐藏在船舱中,昼夜不停地赶赴北岸。遇到江边烽火台关羽的守军盘问,就说:"我们都是客商,江中遇到大风,到这里暂时避一避。"就这样,骗过了荆州守军,长驱直入。当夜二更,躲在船内的吴军杀上岸来,兵不血刃,不费吹灰之力就夺取了荆州。

此后,荆州的守将傅士仁、糜芳投降,关羽知道夺回荆州无望,只得率领残兵退守麦城。孙权见关羽只剩五六百残兵,又无粮草,身处绝境,便派诸葛瑾来劝降,关羽却不为所动,说:"若城破身死,仍可名垂青史。我宁作玉碎,不为瓦全。您不必多说,我要与孙权决一死战!"诸葛瑾再三劝诱,还是无功而还。

　　为了擒住关羽,吕蒙又想出一个计策。他让大将朱然率五千精兵埋伏在麦城以北,潘璋领兵埋伏在临沮。又命令三面攻打麦城,只空北门。关羽不愿困死麦城,准备从小路突围前往西川。有人劝他走大路,以防小路有埋伏,可关羽自负地说:"我勇冠三军,即使于千军万马之中,也如入无人之境。即使有埋伏,我又有何惧!"

　　于是,关羽率关平等二百余骑,从麦城北门冲出。果然,没走多远,伏兵四面杀来,领头的大将朱然大叫:"关羽别走! 趁早投降,可免一死!"关羽大怒,拍马迎战,但终是寡不敌众。关羽不敢恋战,急忙往临沮逃去,不料又遭遇潘璋率领的伏兵,最终落了个战败身死的结局,蜀汉失去了一根中流砥柱。

朱棣避实击虚转败局

公元 1398 年,明太祖朱元璋去世,皇太孙允炆即位,改年号为建文。此时,朱元璋分封的诸王驻守全国各战略要地,尤其是北平的燕王朱棣战功卓著,拥兵十万,势力强大,对中央政权构成了严重的威胁。朱允炆对此深感不安,于是采纳齐泰、黄子澄等人"削藩"的建议,开始削夺藩王权力巩固皇权,皇族内部矛盾迅速激化。

公元 1399 年,朱棣以"清君侧,靖国难"为名举兵反抗朝廷。明太祖朱元璋在《皇明祖训》中说:"朝无正臣,内有奸逆,必举兵诛讨,以清君侧。"意思是如朝中有难,奸臣当权,藩王有举兵清君侧的权力。朱棣就以此为理由,指认齐泰、黄子澄为奸臣加以诛讨,并称自己的举动为"靖难",也就是平靖祸难的意思。因此,历史上把这场战争称为"靖难之役"。

起兵不久,朱棣就攻取了北平以北的通州、蓟州、怀柔等州县,扫平了北平的外围,排除了后顾之忧。而朱允炆方面,因朱元璋大肆杀戮功臣,朝廷已经没有将领可用,只好起用年近古稀的老将耿炳文为大将军,率军三十万伐燕。耿炳文接连两次被朱棣所败,朱允炆又改任李景隆为大将军对抗燕军。

李景隆调集了各路军马共计五十万,围攻北平。这时,朱棣决定亲率大军去援救被辽东军进攻的永平,令世子朱高炽留守北平。朱高炽在北平城内严密布防,利用严寒的天气往城墙上泼水,天冷城墙遇水结冰。李景隆的军队无法攀缘城墙进攻,乘虚攻打北平城的计划失败。

朱棣解救永平之后,率领军队直趋大宁。大宁为宁王朱权的封藩,所属部朵颜三卫骑兵,多为骁勇善战的蒙古骑兵,战斗力极强。朱棣攻破大宁后,挟持宁王朱权及其妃姜世子,得到宁王的部属及朵颜三卫的军队,兵力骤增。朱棣带着这些精兵强将挥师北平,进逼李景隆军营。燕军内外夹攻,大败朝廷军,李景隆乘夜逃跑。此后,李景隆一败再败,朱允炆撤免了他的大将军职务,代之以盛庸,一度取得了东昌战役的胜利。

双方屡次交战,各有胜负。然而,总的来说朱棣的损失更为严重,而且燕军攻下的城池,撤兵后很快又被朝廷兵所占据,得而复失,不能巩固。尽管朱棣身先士卒,与将士们一起出生入死,但形势对他仍然十分不利。就在朱棣忧心忡忡之时,一个重大的转机出现了。一名朝廷贬官前来投靠朱棣,密报都城空虚,建议朱棣避实击虚,攻打京城。朱棣绝路逢生,喜出望外。他立刻改变战略,绕开与朱允炆的官军正面作战的战场,远袭京师,果然反败为胜,不到五个月就攻到了长江北岸,与京师仅一水之隔。

朱允炆始料不及,无奈军队已经全部派出作战,一时无法回到京城防卫,只好向朱棣请求割地求和。朱棣胜券在握,断然拒绝了议和,挥师过江,一举攻下了京城。朱棣一战而定乾坤,顺利登上了皇帝宝座,改年号为永乐,历时四年的"靖难之役"以朱棣的胜利而告终。

多尔衮乘虚入主中原

明朝末年,天灾人祸、内忧外患不断,激起了一轮又一轮的民变。公元1643年,农民起义军领袖李自成在西京(即西安)建立了政权,国号大顺。李自成的军队势如破竹,很快攻克了北京城。崇祯皇帝被逼得自缢于煤山,明朝宣告灭亡。

此时,镇守山海关的辽东总兵吴三桂仍然手握重兵。李自成多次招降,吴三桂犹豫不决,一度想投降李自成。这时却出了一件事。吴三桂有

一位爱妾名叫陈圆圆,原是外戚田弘遇家的一名歌姬,色艺双绝,名动京城。一次,吴三桂到田弘遇家赴宴,对美貌的陈圆圆一见倾心。田弘遇为了结交吴三桂,置办了丰厚的妆奁,将陈圆圆赠送给他。李自成攻占京师(即北京)后,李自成部下刘宗敏将陈圆圆掳去。吴三桂得知陈圆圆遭此劫难,冲冠一怒,愤而转向一直在关外虎视眈眈的少数民族政权清。

明末清军频繁南下,多次兵临京师,早就想入侵中原。摄政王多尔衮扶持七岁的顺治为帝,厉兵秣马屯守在关外,意欲趁乱夺取中原。两面受敌的吴三桂,对内不敌李自成,对外难挡多尔衮。李自成挟持陈圆圆和吴三桂的家人为人质,吴三桂不得不与李自成议和,同时又秘密以割让土地为条件向多尔衮求助。

多尔衮抓住这个千载难逢的机会,一面派人回盛京调兵,一面故意延缓进军速度,利用吴三桂所处的危急局面,逼迫他以降清的条件就范。由于事态紧急,吴三桂只得答应多尔衮的要求,恳请清军尽快入关。

四月十三日,李自成亲率大军奔赴山海关征讨吴三桂。为了拖延时间,吴三桂派出六位儒生迎候李自成大军,表达投诚之意。被一系列胜利冲昏头脑的李自成,对当时军事形势估计错误,坐失良机。直到抵达关门时,吴三桂派去接洽投降的代表妄图逃跑,李自成才发现吴三桂假投降的真实意图,但已贻误了轻兵速进夺取关门的有利时机。而多尔衮却在接到吴三桂的求援信后,经过一昼夜的强行军,于二十一日抵达关门十五里之外。

四月二十二日,李自成与吴三桂双方在山海关大战。老奸巨猾的多尔衮坐山观虎斗,在李自成即将攻城,吴三桂几次派人又亲自杀出重围向他求救的情况下,才发兵进入山海关。在决战中,多尔衮让吴军首先上阵充当马前卒,在双方精疲力竭、实力大损的时候才下令八旗军冲击。又趁吴三桂与李自成谈判之机,突然发动攻击,一举击溃了农民军。

李自成战败,带着残兵迅速退回北京。不久,清军攻入北京,进一步剿灭农民军,用武力统一了全国。多尔衮充分利用了汉族内部的矛盾,趁火打劫,入主中原,开始了清朝长达二百余年的统治。

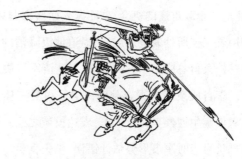

军争第七

中心大意

本篇阐述了夺取战争制胜条件的基本规律,要善于把看似不利的条件变为有利条件,以迂回进军的方式更快占领战场要地,争取有利战机,从而掌握战争的主动权。并提出了要避开敌人锐气正盛的时候,趁其士气衰竭时发起攻击的军事原则。

原文选译

"军争之难者,以迂为直,以患为利。"

用兵作战争取先机最困难的地方,就在于以迂回进军的方式,实现更快到达预定战场的目的,把看似不利的条件变为有利的条件。

"故三军可夺气,将军可夺心。是故朝气锐,昼气惰,暮气归。故善用兵者,避其锐气,击其惰归,此治气者也。"

对于敌人的军队,可以使其士气衰竭;对于敌人的将帅,可以使其决心动摇。军队初战时士气饱满,过一段时间就逐渐懈怠,到了后期将士思归,士气就衰竭了。善于用兵的将领,避开敌人锐气正盛的时候,趁敌人士气衰竭时才发起猛攻。这就是正确运用士气的原则。

"故用兵之法,高陵勿向,背丘勿逆,佯北勿从,锐卒勿攻,饵兵勿食,归师勿遏,围师必阙,穷寇勿迫。"

所以,用兵的原则是:敌人占据高地,不要去仰攻;敌人背靠高地,不要从正面攻击;敌人假装败逃,不要跟踪追击;敌人的精锐部队不要强攻;敌人作为诱饵的部队,不要理睬;敌人向本土撤退,不要去阻击拦截;包围敌人,要预留缺口;陷入绝境的敌人,不要过分逼迫。

兵法故事

曹刿一鼓作气败齐兵

春秋时期,齐国宫廷发生政变,齐襄公堂弟公孙无知杀害国君后自立。没过多久,齐国大臣雍廪又杀死公孙无知。当时,齐襄公流亡在外的两个儿子公子小白和公子纠,都想乘机回国继位。结果,公子小白捷足先登,率先入齐抢占了王位,后来成为历史上赫赫有名的霸主齐桓公。

鲁国公开支持公子纠争夺齐王之位,齐桓公继位后一直对此怀恨于心。公元前684年,齐桓公在巩固了王位之后,自恃国力强大,不顾大臣们的劝阻出兵攻打鲁国。

　　鲁庄公得知齐军大举来犯，决心集结全国的兵力应战。有一个叫曹刿的人听闻此事，对他的朋友说："我要去见大王，问问这次打仗的事。"他的朋友说："这些国家大事，自有那些吃鱼吃肉的大官操心，你去掺和什么啊？"曹刿连连摇头说："那些大官根本不懂打仗的事，目光短浅，缺少见识，不能深谋远虑。我怎么忍心看自己的国家战败，百姓受苦呢！"

　　于是，曹刿前去拜见鲁庄公。鲁庄公正烦恼该如何应战，赶紧把曹刿请进来，问他有何破齐高见。曹刿没有回答，却反问鲁庄公："大王，现在齐强鲁弱，您凭什么觉得可以与齐国对战呢？"鲁庄公说："华丽的衣服和精美的食物，我从不敢独自享用，常拿出来分赐给大臣们。"曹刿回答说："这些不过是小恩小惠，也没有惠及所有老百姓，他们怎么愿意出力作战呢！"

　　鲁庄公又说："我对神明很是虔诚。用来祭祀的牛羊、玉器、丝绸，我不敢怠慢，总是以至诚之心供奉。"曹刿回答说："这点儿小诚意，恐怕不能感动神明，神明哪会因此更多地保佑您呢！"

　　鲁庄公想了一会儿，又说："我虽算不上明察秋毫，但民间的诉讼不论大小轻重，我一定依据实情秉公处理。"曹刿听了，点点头说："这才是尽到了君主的职责，我看可以凭借这一点同齐国打一仗！"曹刿请求与鲁庄公共赴战场，鲁庄公同意了，让曹刿和自己同乘一辆战车随从指挥。

　　鲁军在长勺迎击来犯的齐军。鲁庄公见齐军来袭，就要擂鼓下令出击，曹刿急忙制止说："不可！齐军如今士气高涨，蓄势待发，现在出击没有必胜的把握。不如暂且坚守阵地，以逸待劳，再伺机破敌！"鲁庄公觉得曹刿说得有道理，就接受他的建议，按兵不动，严阵以待。

　　齐军一阵冲锋过来，却如水碰到铁桶一样，冲不垮鲁军的阵列，只得退下。齐军自恃强大的兵力优势，再次发起猛烈的进攻，鲁军依旧岿然不

◎再往远处看，八公山上风吹草动，影影绰绰，好像埋伏着数不清的晋兵。苻坚又细看了看，长长地叹了口气："是啊，我眼花了，真是草木皆兵哪！"（《始计第一》）

◎刘备骑马立在林畔目送徐庶，视线却被一片树林挡住，忍不住说："我真想把这片树林砍光，好多看先生几眼。"（《始计第一》）

◎霎那间，箭如雨发，射在船上的草把和布幔上。（《作战第二》）

◎张飞怒冲冲地说："这人怎如此傲慢，哥哥等了这半天，他还装睡不起来。等我去屋后放一把火，看他起来不起来！"刘备忙把张飞拉住，又耐心等了一个多时辰，诸葛亮才慢慢醒来。(《谋攻第三》)

◎不出所料，数不清的飞箭，伴随着凄厉的呼啸声朝老单于射去，头曼还来不及反应，就连人带马一起被射死了。（《兵势第五》）

◎此时，夜深天寒，猛烈的北风夹卷着鹅毛大雪，令旌旗破裂，更是像刀子一般刮着将士们的脸，不少年轻力壮的士兵都被冻死了，马匹也冻死了不少。(《兵势第五》)

◎老奸巨猾的多尔衮坐山观虎斗，在李自成即将攻城，吴三桂几次派人又亲自杀出重围向他求救的情况下，才发兵进入山海关。（《虚实第六》）

◎说完，便自刎而死，顿时血溅三尺，香消玉殒。项羽见此流下泪来，抱着虞姬的尸体失声痛哭。（《军争第七》）

◎于是，项羽下马步战，与汉兵激战杀了几百人，自己也身负重伤。最终，项羽挥刀自刎，一代霸王就这样消失了。(《军争第七》)

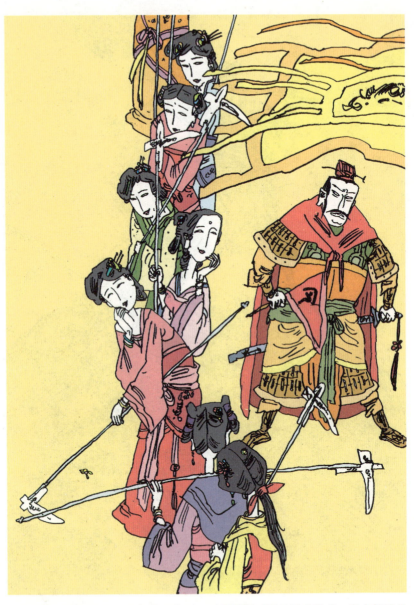

◎孙武命令她们往东，她们偏要往西，还用媚眼不屑地瞧着孙武。宫女们见此情景，捧腹大笑，队形大乱。（《行军第九》）

◎田忌依计行事，以下等马对上等马这场失败为代价，换取了上等马对中等马、中等马对下等马两场胜利，三场比赛一场败而两场胜，最终赢得齐王的千金赌注。（《行军第九》）

◎当庞涓看清树上的那一行字时，惊呼道："大事不好！中计了！"埋伏在山林中的齐军一起射箭，霎时万箭齐发，猝不及防的魏军惊慌失措，死伤无数。(《行军第九》)

◎士兵们攀着树木，沿着悬崖，一个一个地越过深涧。（《地形第十》）

◎项羽身高八尺有余，力能扛鼎，勇猛过人，吴中子弟都非常害怕项羽。（《九地第十一》）

◎在离曹军水寨二里远的地方，黄盖一声令下："放火！"霎那间，风烈火猛，只见十只烈火熊熊的火船，像箭一样径直向曹军冲去。（《火攻第十二》）

◎正在这时，董卓回来了。他一眼看见吕布与貂蝉抱在一起，顿时怒火冲天，一把抓起身边的方天画戟，朝吕布刺去。(《用间第十三》)

动。齐军接连两次的出击,都在鲁军的严密防御之下遭到了挫败,不仅没达到先发制人的目的,反而使自己的战力衰落,斗志消沉。

随着一声令下,齐军的战鼓又像雷声一样响起来了。曹刿见齐军发起第三次冲锋,忙对鲁庄公说:"大王,时机已到,可以进攻了!"鲁庄公立刻下令,令部队全线出击,鲁国的士兵们个个摩拳擦掌、跃跃欲试,像猛虎扑食一样冲了过去。而齐军的士兵以为鲁军还是不敢出击,斗志无形中松懈了下来,攻势大不如前,有如强弩之末。于是,鲁军凭借高昂的士气,迅速冲垮敌人的车阵,大败齐军。

鲁庄公见齐军败退,大喜过望,下令发起追击。曹刿又劝阻说:"大王且慢!容小人下车一看。"曹刿跳下战车仔细察看,发现齐军车轮的轨迹混乱,辎重到处乱丢。又爬到高处远眺,看到齐军的旗帜东倒西歪,齐兵

们倒拖着兵器仓皇奔逃。这才建议鲁庄公实施追击。鲁军穷追不舍,重创齐军,将其赶出了鲁国国境,彻底取得了长勺之战的最终胜利。

战胜了齐军后,鲁庄公问曹刿:"先生,您为什么要等到敌军发动第三次进攻,才让我军击鼓应战呢?"曹刿回答说:"作战是靠勇气的。第一次击鼓冲锋时,齐军的士气最为旺盛,好比猛虎出山,不可硬碰;第二次击鼓冲锋时,齐军的斗志就衰退了;等到第三次击鼓冲锋,齐军的士气低落,精神疲惫,战斗力骤减。敌人的勇气丧失了,而我军的士气却正旺盛,自然能够旗开得胜!"

鲁庄公连连点头,说:"有道理!"又问道:"那齐军败逃后,又为什么不让我军立即追击呢?"曹刿解释道:"大王,齐国毕竟是实力强大的国家,不能等闲视之。我担心他们只是假装战败溃逃,可能另有埋伏。后来看到他们的车辙马迹杂乱无章,确实是败逃的迹象,这才大胆地建议去追击。"一番话说得鲁庄公心悦诚服,大加赞赏。

长勺之战中,鲁国避开齐军的锋芒,后发制人、以弱胜强,是鲁国在与齐国的长期斗争中一次少见的胜利,齐桓公被迫调整自己的争霸战略。此战后,鲁国的国势为之一振。

晋文公"退避三舍"斗楚兵

春秋之际,诸侯纷争。晋献公年老昏庸,他的宠妃骊姬想把自己的儿子立为太子,就千方百计谋害晋献公其他的儿子。其中,有一个儿子叫重耳的,被逼得走投无路,只好逃到别国去避难。

重耳在外流浪了十多年,最后来到楚国。楚成王把他当作贵宾,用对待诸侯的礼节来招待他。重耳很受感动,对楚成王也十分感激。

一次宴会上，楚成王问重耳："将来，公子要是回到晋国，准备拿什么来报答寡人呀？"重耳谦恭地笑着说："大王，您的金银珠宝不计其数，绫罗绸缎应有尽有，我真是想不出可以用什么东西来报答。"楚成王说："虽然如此，难道你以后就不打算报答寡人了吗？"

重耳想了一会儿，郑重其事地说："承蒙您的吉言，若我有幸能够回到晋国，如果晋国和楚国交战，两军相遇时我会下令退避三舍。"古时行军，每三十里为"一舍"，退避三舍，就是撤退九十里的意思。楚成王听了，连说："好，好，好！"高兴得又喝了几杯酒。

坐在楚成王旁边的楚国令尹成得臣听了，却很是恼怒。宴会一结束，他就去拜见楚成王，说："大王，您对重耳这么好，他却出言不逊，妄谈与楚国交战。可见他是个忘恩负义的人，我看还是把他杀了，免得后患无穷！"

楚成王却不以为然，说："重耳是个贤良的人，虽然长时间在外面流亡，却始终有一帮栋梁之材不离不弃地跟随他，前程不可限量啊。上天对他自有安排，岂是我可以干预的呢？"

后来，重耳果然回到晋国当上了国君，也就是晋文公。他即位后励精图治，把晋国治理得渐渐强盛了起来。过了几年，楚国大将成得臣率领楚、陈、蔡、郑、许五国兵马攻打宋国，宋成公被迫来晋国讨救兵。晋国的大臣们都说："楚国老是打压各国，大王要建立霸业，这时机可是到啦。"当时，晋国和楚国的实力最强，晋文公要当上中原霸主，就得打败楚国。于是，晋文公亲自带领军队，浩浩荡荡去救宋国。

公元前632年，晋军攻占了归附楚国的两个小国——曹国和卫国，把两国国君都俘虏了。成得臣把人马驻扎在离晋文公的营地不远的地方，并派人通知晋军，要他们释放卫、曹两国国君。晋文公却暗地通知这两国

子兵法

国君,答应恢复他们的君位,但条件是要他们先跟楚国断交。曹、卫两国真的按照晋文公的意思,向楚国送去了绝交书。成得臣恼羞成怒,气得立即下令全军向晋军发动进攻。

楚军一进军,晋文公立刻命令往后撤。晋军中有些将士想不通,重耳解释说:"当初楚王曾帮助过我,我答应过要是两国交战,晋国军队将退避三舍。君子一诺千金,我不能食言。如果我们撤退后楚军还是步步进逼,那就是他们的不对了,到时候再交手不迟。"

俗话说:"先下手为强,后动手遭殃。"但此时晋军的退避三舍,却是晋文公深谋远虑、后发制人的一着妙棋。在政治上,晋文公信守了对楚成王的承诺报答了恩情,赢得了舆论的同情;在军事上,避开了楚军的锋芒,与齐、秦等盟国军队会合,为晋军后发制人、夺取胜利奠定了基础。

晋军一口气后撤了九十里,到了城濮这个地方才停下来。这时,晋军先行占据了战地以逸待劳,不少楚国的将士都主张停止进攻。可成得臣刚愎自用,率领大军步步紧逼,一直追击到城濮,还向晋文公下了一封战书,措辞十分傲慢。晋文公也派人回答说:"贵国的恩惠,我从来都不敢忘记,所以退让到这里。现在既然你们还是不肯罢休,我也只好应战了!"

这天,城濮上空战云弥漫,晋楚两军在这里展开了一场战车大会战。晋军把驾车的马匹蒙上虎皮,出其不意地向楚军中战斗力最差的右翼猛攻。楚军右翼的士兵吓得惊慌失措,一触即溃,被迅速歼灭了。

第二天,楚军与晋军又在城濮左面对阵。成得臣一声令下,楚军全线进攻,凶猛地向晋军冲杀过去。那些晋兵看来也真不经打,才一交手,便开始向后败退。晋军士兵因为慌不择路,身后扬起一大片烟尘。

成得臣一向骄傲自大,远远看见,高兴地说:"我早知道这些晋军不堪

一击,看他们那狼狈样,真是有如丧家之犬!"他命令将士们全速追击,歼灭晋军。谁知,这正中晋军的迷敌之计。原来晋军在战车后面绑了柴草,战车后退时柴草刮在地上,四下扬起了一阵阵的尘土。中计的楚军刚追上来,就被埋伏在路边的晋军拦腰切断,原来假装败退的晋军也杀了个回马枪,前后夹击,把楚军杀得七零八落,溃不成军。

楚军战败,成得臣觉得没法向楚成王交代,就自杀了。晋军俘获了楚国战车一百多辆,士兵一千多人,把楚军遗弃下来的粮食收集起来,大吃三天,才高奏凯歌而归。这一战后,晋文公一跃成为中原的霸主。

刘邦四面楚歌灭项羽

公元前 202 年的冬天,刘邦的汉军将楚王项羽率领的十万楚军围困在了垓下。腊月的垓下天寒地冻,饥寒交迫的楚军一天天在减少,周围到处有汉军的部队在行进,如百川汇海似的向这一地区集合。垓下的楚军,处在汉军四面八方的包围之中,有如漂荡在茫茫大海中的一叶孤舟,随时有全军覆没的可能。

韩信知道项羽有一夫当关、万夫莫开的勇猛,就发明了由十位大将率领十队人马布成的"十面埋伏"阵法。这种军阵层层相围,四环接应,一处受敌,几处可救,既可将敌人围住,又有利于攻击。就好比恶虎斗群狼,当四面八方都有饿狼扑来时,恶虎顾东则失西,扑南则陷北,疲于奔命,最后必将精疲力竭,命丧于群狼的爪牙之下。只要巧妙地运用阵势,及时调动兵力,层层设防,任何凶猛的敌人踏入此阵都很难生还。因而,项羽即使挟雷霆万钧之势而来,也照样抵挡不住这精妙的阵法。

汉军与楚军一交战,项羽就挥舞大刀来战。没战几个回合,刘邦的军队就假装抵挡不住迅速后撤。项羽乘胜追击,却陷入了十面埋伏的重围之中。他杀开一重,又围上一重,汉军一波又一波源源不断地涌来。项羽整整战斗了一天,渐觉力乏,全身上下多处受伤,沾满了鲜血,楚兵也死伤

惨重。项羽拼死杀出一条血路，才逃回垓下大营。

当天晚上，项羽听到四周围住他的军队都唱着楚地的歌谣，不禁非常吃惊地说："刘邦已经把楚地都占领了吗？为什么他的部队里楚人这么多呢？"项羽不知这是汉军的诡计，一下就失去了斗志。他从床上爬起来，和最宠爱的美人虞姬在营帐中喝酒。项羽平生所爱，一是乌骓马，二是虞美人。无论去哪，项羽都把虞姬带在身边，寸步不离。他回忆往昔，悲从中来，不禁慷慨而歌："力能拔山啊豪气盖世，天时不利啊骓马不驰。骓马不驰啊怎么办，虞姬啊虞姬怎么办！"

然后，项羽跨上乌骓马，准备做最后的突围。临行前，虞姬对项羽说："大王，我蒙受您的大恩，还未曾报答。现在正是生死攸关的时候，我不愿拖累大王突围。从今以后，请大王多多保重，莫要再为我挂心……"说完，便自刎而死，顿时血溅三尺，香消玉殒。项羽见此流下泪来，抱着虞姬的尸体失声痛哭。

项羽草草埋葬了虞姬，带着余下的八百多壮士，连夜从南面突出重围，纵马奔逃。项羽一路逃到乌江，乌江亭长对项羽说："江东虽小，也有方圆千里的土地，几十万的民众，足够您称王的了，请速速渡江！现在只有我有船，汉军即使追来，没有船只渡江也追不上您。"

项羽苦笑着说："这是上天要让我灭亡，我还渡江干什么？当年，我带领八千江东子弟渡过乌江，现在无一人生还，即使江东父老依然拥戴我为王，我又有什么脸面回去见他们呢？我知道您是忠厚的长者，这匹乌骓马，是我心爱之物，就送给您吧！"

于是，项羽下马步战，与汉兵激战杀了几百人，自己也身负重伤。最终，项羽挥刀自刎，一代霸王就这样消失了。

九变第八

中心大意

本篇论述了如何根据不同的情况灵活变换战术以赢得胜利,体现了随机应变、灵活机动的作战思想。认为将帅要全面、辩证地看问题,见利思害,见害思利,从而趋利避害,防患于未然。指出要立足于自己做好充分的准备,而不是对敌人心存侥幸,深刻阐述了有备无患的备战观点。

原文选译

"圮地无舍,衢地交合,绝地无留,围地则谋,死地则战。"

在难以通行的地方不要宿营,在四通八达的地方要结交四邻,在难以生存的地方不要停留,在容易被包围的地方要精于谋划,陷入死地就要坚决奋战。

"途有所不由,军有所不击,城有所不攻,地有所不争,君命有所不受。"

有的道路不要走,有的敌军不要打,有的城池不要攻,有的地域不要争,有些君主的命令也可以不执行。

"智者之虑,必杂于利害,杂于利而务可信也,杂于害而患可解也。

智慧明达的将帅考虑问题,一定兼顾到利处和害处两个方面。在考虑不利条件时,要同时考虑有利条件,大事才能顺利进行;在看到有利因素时,要同时考虑到不利因素,祸患才可以预先排除。

"故用兵之法,无恃其不来,恃吾有以待也;无恃其不攻,恃吾有所不可攻也。"

所以用兵的原则是:不抱敌人不会来的侥幸心理,而要靠自己做好充分准备;不抱敌人不会攻击的侥幸心理,而要靠自己坚不可摧的防御,具备让敌人无法进攻的力量。

兵法故事

韩信背水立阵破赵军

秦朝灭亡后,楚霸王项羽和汉王刘邦为争霸天下,发起了大规模的战争,衍生了许多经典的著名战例。其中,尤为精彩绝伦的就是韩信背水一战的故事。公元前 204 年,汉将韩信率军越过太行山,前去攻打项羽的附属国赵国。赵王歇和赵军统帅陈余在井陉口集结大军,准备与韩信决战。

　　井陉口是太行山八大隘口之一,以西有一条长约百里的狭窄驿道,易守难攻,是历代兵家必争之地。当时,赵军拥军二十万,兵力雄厚,又先行扼住了井陉口,处于优势地位。而反观韩信麾下,仅有新招募的一万余名士兵,而且千里行军,人马疲惫,处于被动地位。

　　在离井陉口三十里远的地方,韩信命令部队安营扎寨。半夜时分,韩信挑选了两千名轻骑兵,让他们每人带一面汉军的红旗,趁天黑悄悄从山间小道迂回绕到赵军大营的侧后方。韩信对他们说:"天亮之前,赵军必定会向我们进攻,等他们一离开军营,你们立即攻进去,拔掉他们的旗帜,插上我军的红旗。"

　　出发前,韩信传令部队就餐,他对士兵们说:"稍微吃点就行了,等明天打败赵军后再大吃一顿!"士兵们将信将疑,心想敌众我寡,打起仗来是生是死还不知道,但也只能从命。

韩信随即命令军队向井陉口进发,他自知双方兵力悬殊,如采用强攻必会受挫,就想了一个计谋。当部队接近井陉口时,韩信传令士兵们在河边背水列阵。河中白浪滔天,水深流急,背水立阵等于切断了自己的后路,只能前进,不能后退,这正是兵家的大忌。

赵军远远见汉军背水列阵,纷纷讥笑说:"都说韩信深通兵法,用兵如神,怎么连基本的常识都不懂。我们一进攻,看你们往哪里退,真是自寻死路!"

天刚蒙蒙亮,双方就开始交战。赵将陈余见韩信兵少,自恃兵强马壮,又占据有利地形,发动了一次又一次猛攻。汉军实在招架不住赵军排山倒海般的攻势,只好败下阵来,地上扔满了丢下的武器、盔甲。陈余见汉军丢弃旗鼓仪仗,躲入阵中,高喊着:"将士们,冲呀! 活捉韩信,重重有赏!"下令全营出击,直逼汉阵。汉军因临河而战已无路可退,韩信振臂高呼:"将士们,我们已经没有退路。不奋力杀敌,就会被赶下水中淹死! 弟兄们,跟他们拼了!"在韩信的激励下,汉军将士们呐喊着冲入敌阵,争先恐后,奋勇搏杀。

正在双方激烈厮杀之时,韩信预先伏下的两千轻骑趁赵营空虚,长驱直入,在赵军营垒中遍插汉军红旗。激战中的赵军回头一看,突然发现背后营垒插满汉旗,以为自己的营帐已经陷落,立时阵脚大乱。汉军趁势反击,一鼓作气把赵军打得溃不成军,主将陈余也在混战中被乱刀砍死。

在庆功会上,将士们不解地问韩信:"兵书上行军布阵,理应依山傍水,将军却叫我们背水立阵,这有悖兵法啊,为什么竟然能取胜呢?"韩信哈哈大笑着说:"兵书上也说:陷之死地而后生,置之亡地而后存。如果后面有路可逃,士兵们一见敌军来势凶猛,肯定会争先恐后地逃跑,还会拼死作战吗？只有在危难的境地之中，将士们的斗志和潜力才会被激发出来啊。"一番话说得众人口服心服，这才领悟了背水列阵制胜的奥妙，对韩信大为钦服。

井陉之战，韩信以万余的劣势兵力，奇正并用，背水列阵，灵活用兵，一举击破二十万赵国大军，灭亡了项羽分封的赵国，谱写了中国军事史上的精彩篇章。

薛公有备无患剿英布

汉王朝建立后，刘邦为了巩固皇权，想方设法诛杀异姓王。公元前196 年，淮阴侯韩信被吕后和相国萧何设计擒杀。此后，刘邦又诛杀了开国元勋梁王彭越，并将彭越的尸体剁成肉酱，把肉酱分赐给诸侯们。

淮南王英布与韩信、彭越号称汉初三大名将，都是西汉的开国元勋。英布看到彭越尸体做成的肉酱，产生了兔死狐悲的心理，非常恐惧，暗暗准备反叛。这时，恰巧英布怀疑中大夫贲赫和自己的爱妾有私情，贲赫畏罪潜逃，告发英布叛变。于是，英布一不做二不休，起兵反汉。

英布起兵造反的消息传到长安，刘邦一时不知如何应对，就召集将领们共同商议，将领们纷纷说："出兵攻打他，活埋了这个小子，还能怎么办！"回去之后，汝阴侯夏侯婴又将自己的门客薛公找来，商量此事。薛公说："英布造反，是意料中的事。"夏侯婴不解地说："皇上分封土地赐予爵位，让他享尽了荣华富贵，为什么还要反叛呢？"薛公回答说："去年朝廷杀死彭越，前年杀死韩信，英布与他们二人有同样的功劳，自然会怀疑大祸将至，所以就造反了。"夏侯婴将薛公的话告诉刘邦，并推荐说："薛公原来是楚国令尹，很有韬略，您可以问问他。"

于是,刘邦召见了薛公,向他询问对付英布的办法,薛公回答说:"英布造反不值得奇怪。假如英布计出上策,山东地区就不归陛下所有了;英布计出中策,您和他谁胜谁败就很难说了;英布计出下策,陛下就可以安枕无忧了。"刘邦说:"什么是上策?"薛公回答说:"向东攻取吴国,向西攻取楚国,吞并齐国,占领鲁国。然后发布一道檄文,叫燕国、赵国固守他们的本土互不相犯。如果这样的话,山东地区就不再归大汉所有了。"刘邦又问:"什么是中策?"薛公回答说:"向东攻取吴国,向西攻取楚国,吞并韩国,占领魏国,占有敖仓的粮食,封锁成皋的要道。那么,谁胜谁败就很难预料了。"刘邦又问:"什么是下策?"薛公回答说:"向东攻取吴国,向西攻取下蔡,把辎重财宝迁到越国,自己跑到长沙。如果这样,英布就不足为患,朝廷就没事了。"

刘邦沉思了半晌,问道:"依你之见,英布会选择哪种计策?"薛公回答说:"选择下策。"刘邦奇怪地说:"他为什么放弃上策、中策,却选择下策呢?"薛公说:"英布原是骊山的刑徒,奋力做到了万乘之主,却只是为了自身的富贵,并不顾及百姓,也不会为子孙后代考虑。所以说,他会选择下策。"薛公的分析鞭辟入里,让刘邦十分信服,决定亲自领兵平剿英布。

英布起兵后,果真如薛公所料,选择了下策部署行动。英布首先灭了荆国,荆王战败而死。英布收降了荆王的军队,又渡过淮河攻打楚国,楚王被迫逃走。这时,英布对他的将领们说:"皇上老了,厌恶打仗了,一定不会亲自带兵前来。他若派遣将领,我害怕的淮阴侯韩信和梁王彭越,都已经死了,其余的没什么可怕的。"然而,英布进军到蕲县时,却遭遇了刘邦亲自统率的汉军。

刘邦在阵前对英布说:"你何苦要造反呢?"英布直言不讳地说:"我

想当皇帝啊!"刘邦大怒,斥骂英布,命令军队进攻。汉军数量远超淮南军,经过激战,刘邦的军队将英布的军队击败。英布带领残部渡过淮河,最后仅带一百多名随从逃到长沙以南的番阳,被番阳人杀死。

刘邦根据薛公的分析和判断,对英布的行动应对有方,最终击败英布平定了叛乱。薛公全面、辩证地对战争的发展进行了准确预测,为平叛立下大功,被刘邦封为千户侯。

虞诩增灶断追破羌军

战国时期,孙膑为了迷惑对手庞涓,在行军途中故意减少锅灶,传递虚假信息使庞涓误判,以为齐国军队溃散,兵员日渐减少,于是轻兵深入重围,不仅全军被歼,庞涓自己也死于乱箭之下。与孙膑相反,东汉的虞诩却是通过增加锅灶而迷敌取胜。

公元 115 年,羌人进犯武都。虞诩临危受命,被任命为武都太守,带兵前往武都抵御羌军。他率领大军刚到达崤谷,就被几千名羌军堵住。虞诩立即命令部队停止前进,发出号令说:"我已上书求援,等援兵到后,再动身出发。"羌军听到这个消息,就放弃了马上交战的打算,分头去附近的县城劫掠了。

乘着羌军兵力分散的机会,虞诩马上命令军队急速前进,日夜兼程地行进了一百多里。虞诩又下令让每个士兵各造两个灶,每天增加一倍。将士们大为不解,问道:"将军,以前孙膑使用减灶计迷惑敌军,您为何反其道而行之,每天增加锅灶呢?而且兵书上说,每天行军不要超过三十里,以保持体力防备不测,而如今您却命令每天行军将近二百里,这又是什么道理?"

　　虞诩解释说:"敌军兵多,我军兵少,走慢了容易被追上,快速行军对方才不容易搞清我们的底细。而且,敌军见我军的灶数日益增多,必定以为援兵已来接应。我军人多行动又迅猛,敌军就不敢追赶了。孙膑减少锅灶是为了让庞涓轻敌,而我增加锅灶是为了让敌军畏惧,这是由于形势不同的缘故。"果然,羌人见一路上汉军的灶坑天天增加,越来越多,以为援兵已到,便不敢再追击他们。

　　虞诩到武都后,兵员不足三千人,而羌军有一万多人,围攻赤亭达数十日。虞诩便向部队下令,不许使用强弩,而用射程比较短、杀伤力也很弱的小弩迎敌。羌军以为汉军箭力很弱,射不到自己,就集中兵力贸然进攻。虞诩见羌军中计,马上命令军队用射程远、破坏力大的大弩,集中射击敌人的主力部队。当羌兵冲到城下时,虞诩命令每二十具强弩同时射

一个羌人,射无不中。霎时间,万箭齐发,箭如雨下。羌军遭受重创,大为震恐,狼狈地撤退了。

第二天,虞诩又集合全部军队,命令他们先从东门出城,再从北门入城。然后更换衣服,又从这个城门出发,那个城门进来。这样不断更换衣服,反复出入多次。羌人不知城中有多少人马,愈发惊恐不安,心生怯意。虞诩见羌人要退兵,就秘密派遣五百多人在城外河流浅水处设下埋伏,守候在他们撤退的必经之路上,进行截击。羌军果然奔逃而来,汉军乘机突袭掩杀,大败羌军。

虞诩灵活运用兵法,先用增灶之计摆脱敌人的追击,又用小弩之计诱敌深入,最终伏击羌军至溃败离散。历史上流传下来的奇谋数不胜数,用兵有方的将领,能够根据具体的形势随机应变,翻陈出新,从而克敌制胜。

行军第九

中心大意

本篇主要论述在不同地理条件下如何行军作战、驻扎安营,以及如何利用地形地物侦查、判断敌情的方法。并提出了教化奖励与军法处罚并重,恩威并施的治军原则。

原文选译

"凡军好高而恶下,贵阳而贱阴,养生而处实,军无百疾,是谓必胜。"

大凡军队驻扎,喜好高处而厌恶低洼的地方,喜欢向阳的地方而回避阴湿的地方,驻扎在便于生活和地势较高的地方,将士们不感染各种疾病,这是军队取得胜利的重要条件。

"兵非益多也,惟无武进,足以并力、料敌,取人而已。夫惟无虑而易敌者,必擒于人。"

打仗并不是兵力越多越好,只要不恃勇冒进,并能集中兵力,判明敌情,就足以打败敌人了。无深谋远虑又轻敌妄动的人,必将被敌人擒住。

"令之以文,齐之以武,是谓必取。"

用政治道义教育士卒,用军纪军法统一步调,这样的军队打起仗来必定能取得胜利。

"令素行者,与众相得也。"

命令平素就能得到很好的执行,是因为将领与士卒的关系融洽。

兵法故事

孙武吴宫教战斩美姬

春秋末期,齐国发生内乱,齐国人孙武为避乱到吴国隐居。当时的吴王阖闾礼贤下士,任用了伍子胥等一批贤臣,体恤民情,发展生产,因而大得民心。伍子胥原是楚国人,因父兄被楚平王杀害而潜逃到吴国。他结识孙武后,相见恨晚,结为莫逆之交。伍子胥七次向吴王阖闾推荐孙武,使阖闾召见了孙武。

此时,孙武已经写成《孙子兵法》十三篇。吴王看后,赞叹不已,经常请他讲解战术兵法。孙武列举了历史上许多著名战例,详细剖析胜败原因,吴王听得津津有味。

这天,孙武对阖闾说:"战争的胜负,很大程度上取决于将领的能力。

杰出的将领,就算调动千军万马,也像运用自己手脚那么自如。"又说:"不仅如此,杰出的将领可以将一支弱兵变为强兵,即使娇小的女子,也可以训练得像士兵一样坚强勇猛。"吴王半信半疑,说:"不可能吧,女子怎么能训练成军队呢?"孙武胸有成竹地说:"大王若不信,我们可以试一试。您把宫中的宫女、妃子交给我训练,保证一个月后可上战场!"阖闾本来就想考验孙武统兵的能力,就把一百多名宫女和两个宠爱的妃子交给孙武训练。

孙武把宫女分成两队,让两个妃子当队长。他宣布纪律,讲明在训练期间,不管有任何理由都必须服从指挥,否则以军法严办,处以斩刑。可这些宫女把孙武的三令五申当作耳边风,两个妃子更是嘻嘻哈哈,把军令视为儿戏。孙武命令她们往东,她们偏要往西,还用媚眼不屑地瞧着孙武。宫女们见此情景,捧腹大笑,队形大乱。

孙武为了立威,命令军吏将两位妃子以违令罪处斩。吴王见孙武要杀掉自己的爱姬,马上派人求情说:"没有这两个美人侍候,寡人吃饭也没有味道,睡觉也睡不着。我知道您带兵的能力了,请赦免她们吧。"可孙武毫不留情地说:"大王既然把这些女子交给我训练,她们就是我的士兵了。将军处罚违犯军纪的士兵,是天经地义的事,请您不要插手。"孙武毅然决定动用军法,可怜两位千娇百媚的吴王宠姬,哼都来不及哼一声就身首异处、香消玉殒了。孙武新任命了两位队长,继续练兵。当他再次击鼓发令时,众宫女再也不敢不听号令了,操练起来进退回旋,跪爬滚起,全都合乎规矩,阵形十分齐整。

阖闾痛失爱妃,心中十分不快。孙武便去拜见阖闾说:"军队必须有铁的纪律,如果一盘散沙,怎么能打胜仗呢?大王要称霸中原,必须令行禁止,赏罚分明,这样士兵们才会听从号令,打仗才能克敌制胜。"阖闾的怒气消散,认为牺牲两名爱妃换来一位军事奇才是值得的,又看到那些弱不禁风的宫女经过孙武的训练,果然英姿勃发、进退有度,心里十分佩服,便拜孙武为将军。在短短几年内,孙武将吴国的军队训练成为一支纪律严明、骁勇善战的雄师劲旅,大大提高了吴国的军事实力,使吴王阖闾一跃成为春秋五霸之一。

孙膑减灶迷敌斩庞涓

孙膑是战国时期的齐国人,早年拜在鬼谷子门下学习兵法。鬼谷子见孙膑勤勉好学,在军事上很有天赋,就将毕生所学和秘不传人的《孙子兵法》十三篇尽数传授给他。孙膑有一个师弟叫庞涓,对孙膑能够得到鬼谷子的真传很是嫉妒,但他为人奸猾,嘴上从未流露出来,反而虚情假意地与孙膑称兄道弟。

过了几年,经过鬼谷子的精心调教,孙膑与庞涓的兵法、韬略都大有长进。这时,传来了魏惠王招贤纳士的消息。本是魏国人的庞涓,觉得机不可失,决定出师下山。临别时,他向孙膑承诺,自己一得到魏惠王的重用,马上引荐师兄,共享富贵。孙膑深受感动,两人洒泪惜别。

庞涓到了魏国,得到魏惠王的赏识被任命为将军,又接连打了几个胜仗,深受魏王的宠信。可是,春风得意的庞涓却高兴不起来,他知道自己的用兵之法,别人虽赶不上,但比起孙膑却差远了。如果按照当初的诺言把孙膑推荐给魏惠王,孙膑的声名威望很快就会超过自己;但不履行当初的诺言,倘若有一天孙膑去了别的国家,打起仗来自己恐怕不是他的对手。庞涓寝食不安,终于想出一条毒计。

庞涓差人秘密给孙膑送去一封信，说他在魏国受到了礼待和重用，又说自己向魏惠王极力推荐师兄的才能，到底把魏惠王说动，请师兄来魏国担任将军之职。孙膑看了信深信不疑，立即随同来人赶到魏国的都城大梁。

孙膑来后，庞涓对他殷勤备至，盛情款待。几天后，一个齐国人来找孙膑，说是有孙膑家人的书信带来。信中叙说了家人对孙膑的思念，希望他早日回到故乡。孙膑看完信，不觉流下泪来，写了言辞恳切的回信请信使带回去。不料这个齐国人是庞涓的心腹，骗得孙膑的书信并加以篡改后，交给了魏惠王。魏惠王十分气恼，派人把孙膑抓了起来，对庞涓说："孙膑私通齐使，要叛魏投齐，该当何罪！"庞涓装出大惊失色的样子，替孙膑求情道："大王对孙膑如此礼遇，他却私通齐使，实在可恶！但孙膑罪不至死，臣斗胆恳请大王饶他一死，保全我们兄弟的情分。但为了永绝后患，就让他成为不能行走、面有罪记的废人，您看怎么样？""就这样办吧。"魏惠王同意了。

到了孙膑面前，庞涓一边哭喊一边捶着自己的胸说："大王盛怒，要将师兄斩首，我苦苦哀求才让大王免了你的死罪。但要受刖刑及鲸面，这可如何是好？是师弟无能，救不了师兄啊！"说罢，痛哭不已。孙膑叹了一口气："不关贤弟的事，好歹保住了性命，多谢相救，他日我定当报答。"

于是，行刑的刽子手把孙膑绑起来，在他脸上用黑墨刺上了"私通敌国"四个字，又用刀剜下孙膑的两个膝盖骨。孙膑疼得昏死了过去。这时，庞涓泪流满面走进来，亲自为孙膑上药包扎，照料得无微不至。

孙膑伤口渐渐愈合，但每日只能呆坐在床上，成了废人。庞涓对孙膑更是关心体贴，假惺惺地大献殷勤，让孙膑很是过意不去。这时，庞涓就提出自己也想学习《孙子兵法》，孙膑毫不犹豫地答应了，日夜在简牍上默

写兵法。孙膑的遭遇引起了一个童仆的同情,把真相都告诉了他。孙膑这才恍然大悟,看清了庞涓的真面目。

为了保全性命,孙膑装疯卖傻,吃猪粪,睡马棚,困了就睡,醒了就又哭又笑、又骂又唱,语无伦次,颠三倒四。庞涓怀疑孙膑装疯卖傻,把他扔进粪池,孙膑竟抓起粪便就吃,庞涓这才相信他是真疯了,放松了对他的看管。孙膑见装疯产生了作用,就暗中寻找逃离虎口的机会。一天,他听说齐国有个使臣来到大梁,便偷偷前去拜访,说服使臣把他藏在车子里,秘密地带回了齐国。

孙膑到了齐国,大将田忌对他礼遇有加。田忌喜欢赛马。一次他与齐威王赛马,马分上、中、下三等,对等竞赛,田忌三场全输,好不沮丧。

孙膑发现田忌的马虽然在总体上劣于对方的马,但各等的马足力相差无几,便对田忌说:"您只管下大赌注,我能让您取胜。"田忌就与齐王用千金来做赌注。等到下一轮比赛时,孙膑给田忌出主意说:"现在用您的下等马对他们的上等马,用您的上等马对他们的中等马,用您的中等马对他们的下等马。"田忌依计行事,以下等马对上等马这场失败为代价,换取了上等马对中等马、中等马对下等马两场胜利,三场比赛一场败而两场胜,最终赢得齐王的千金赌注。齐威王大感惊讶,问田忌取胜的原因。田忌借机把孙膑推荐给齐威王。齐威王虚心地向孙膑请教兵法,把他当成老师。

公元前 342 年,庞涓带领十万魏国军队攻打韩国,韩国抵挡不住,接连派使者向齐国求救。齐威王听从了孙膑的建议,等到韩军接连五次战斗都失利,魏军也疲惫不堪时,才任命田忌为主将,孙膑为军师,大举发兵援救韩国。

战役之初,按照孙膑的计策,齐军长驱直入,把攻击的矛头指向魏国的都城大梁。果然,庞涓只好率军日夜兼程赶回魏国本土。孙膑判断魏军一定会急于求成、轻兵冒进,就定下了一个减灶诱敌之计。齐军与魏军刚一接触,就装出胆小怯战的样子,立即佯败后撤。庞涓接连追击了三天,头一天见齐军营地有十万人的锅灶,第二天还剩五万人的锅灶,到第三天只剩三万人的锅灶了。庞涓见状,得意扬扬地说道:"齐兵真是些胆小鬼,不到三天就跑了大半!"于是,他传令丢下步兵和辎重,只带着一部分轻装精锐骑兵,昼夜兼程追赶齐军。

孙膑得知庞涓轻骑追击的探报,高兴地对众人说:"庞涓的死期到了!"孙膑知道马陵一带的地形,道路狭窄,树多林密,地势险阻,是个埋伏兵马的好地方。为了确保设伏成功,孙膑又传令就地伐树,将小路堵塞。

然后,孙膑让人把路旁一棵大树的皮刮去,在树干上面写上"庞涓死于此树之下"几个大字。布置完毕后,孙膑命令一万弓箭手埋伏在两边密林中,约定夜里只要一看到火光,就一齐放箭。

这天晚上,庞涓果然带着骑兵到达马陵。朦胧间,庞涓看到路旁一棵大树上隐约有字,但看不清楚,就命人点燃火把照明。当庞涓看清树上的那一行字时,惊呼道:"大事不好!中计了!"他急令魏军后退,但为时已晚。埋伏在山林中的齐军一起射箭,霎时万箭齐发,猝不及防的魏军惊慌失措,死伤无数。庞涓智穷力竭,知道败局已定,就拔出佩剑自杀了。齐军乘胜追击魏军,歼敌十万余人,并俘虏了魏军主帅太子申。

此战中,孙膑以减灶之计传递给敌人虚假军情,诱敌深入,然后利用马陵的有利地形布置伏兵,出奇制胜,一战而扬名天下。

刘邦轻敌冒进围白登

秦朝灭亡后,中原发生了楚汉相争无暇北顾,日渐强大起来的匈奴趁机侵扰,严重威胁汉王朝在中国北方的统治。

公元前201年,匈奴的大王冒顿单于,带领铁骑包围了韩王信的封地马邑。韩王信抵挡不住,向匈奴求和。刘邦得知后,怀疑韩王信私通匈奴,派使者责备他。韩王信担心被刘邦诛杀,向冒顿投降了。冒顿占领了马邑,又继续挥师南下,围攻晋阳。刘邦率领三十二万大军,赶到晋阳迎击匈奴。双方交锋后,汉军连连取胜,刘邦产生了轻敌的思想。

冒顿把部队驻守在代谷,刘邦得知后就派人去探听虚实。冒顿故意将精壮的牲畜和战士都隐藏起来,刘邦派去打探的人回来都说匈奴全是一些老弱残兵,连他们的马都是挺瘦弱的。如果趁势打过去,准能打胜仗。刘邦将信将疑，又派遣谋士刘敬作为使臣到匈奴营地去侦查。

刘敬回来说："两国交战，正是该炫耀自己的长处、彰显军威的时候。我到匈奴营中，却只看到一些老弱残兵。匈奴故意暴露他们的短处，必定是把精兵埋伏起来想要出奇制胜，陛下千万不能上这个当！"

刘邦听了非常恼怒，破口大骂道："你个齐国孬种！竟敢胡说八道，动摇军心！"就用镣铐把刘敬拘禁起来，关押在广武县，准备凯旋后进行处罚。

刘邦求胜心切，率领一队骑兵先到达平城。此时汉军步兵还未完全赶到，冒顿抓住时机在白登山设下埋伏。刘邦的兵马一进入包围圈，冒顿就指挥四十万匈奴大军，截住汉军兵马，将刘邦围困在白登山上。只见无数匈奴兵如暴风雪一样直扑而来，个个神勇，原来的老弱残兵全不见了，刘邦心知中计后悔不已。

刘邦组织了好几次突围，将士们拼命搏杀也没能冲出去。冒顿率领骑兵从四面围攻，西面骑兵是清一色的白马，东面骑兵是清一色的青马，北面骑兵是清一色的黑马，南面骑兵是清一色的红马，企图将汉军冲散剿灭，但也没有成功。

双方相持了七天。当时正值隆冬季节，风雪交加，凛冽刺骨。刘邦的兵士耐不住酷寒，不少人竟冻掉了手指。被围了七天后，汉军的粮食也快吃完了，饥寒交迫，危在旦夕。虽然身处冰天雪地之中，刘邦却急得像热锅上的蚂蚁，坐立不安。

这时，刘邦身边的谋士陈平，得知冒顿非常宠爱他的王后阏氏，就想出了一条计策。陈平让刘邦派使者潜下山去，一路贿赂匈奴士兵，最终抵达阏氏的营帐，向她献上了丰厚的礼物。于是，这天晚上，阏氏对冒顿说："我们占了汉朝的地方，也没法长久住下去。再说，汉朝皇帝被困在山上，汉人又怎肯善罢甘休,必定会派大军来救他,到时咱们就被动了。不如放他一条生路,早点撤兵回去吧!"

冒顿本来与韩王信的部下约定了日期会师,见他们迟迟不来,怀疑他们要和汉军联合起来攻打自己,就听从了阏氏的建议。于是,冒顿下令将包围网打开一角,放汉兵出去。

这天拂晓时分,白登山下大雾弥漫。刘邦命令士兵们朝着两旁拉满弓安上箭,提心吊胆地慢慢走出了匈奴的包围圈。刘邦一离开白登山,就快马加鞭,一口气逃到了广武县。他脱险后的第一件事,就是赶紧释放了刘敬,赔罪说:"我没听先生的话,在白登被匈奴围住,差点就不能和您见面了。"

"白登之围"后,西汉王朝不得不委曲求全,采取"和亲"的政策,每年送给匈奴大批丝绸、粮食等物资,并把汉朝公主嫁给匈奴的单于,以换取边境的安宁。

地形第十

【中心大意】

本篇论述了战术地形的主要类型和特点,运用地形条件克敌制胜的基本原则,以及军队在不同地形条件下实施作战的一般方法,揭示了地形与战争的密切关系,强调将领要重视对地形的研究和利用。

【原文选译】

"夫地形者,兵之助也。料敌制胜,计险阨远近,上将之道也。知此而用战者必胜,不知此而用战者必败。"

地形是用兵打仗重要的辅助条件。正确判断敌情,考察地形险易,计算道路远近,这是高明的将领必须掌握的方法。懂得这些去指挥作战的,必定能够胜利;不懂得这些去指挥作战的,必定失败。

"视卒如婴儿,故可与之赴深溪;视卒如爱子,故可与之俱死。"

对待士卒像对待婴儿,士卒就可以与他共赴患难;对待士卒像对待自己心爱的儿子,士卒就可以与他同生共死。

"知吾卒之可以击,而不知敌之不可击,胜之半也;知敌之可击,而不知吾卒之不可以击,胜之半也;知敌之可击,知吾卒之可以击,而不知地形之不可以战,胜之半也。故知兵者,动而不迷,举而不穷。故曰:知彼知己,胜乃不殆;知天知地,胜乃不穷。"

只了解自己的军队能打,而不了解敌人不可以打,取胜的可能只有一半;只了解敌人可以打,而不了解自己的部队不能打,取胜的可能也只有一半;知道敌人可以打,也知道自己的部队能打,但是不了解地形,取胜的可能性仍然只有一半。所以,懂得用兵的人,他行动起来目标明确不会迷惑,他的战术变化无穷不会困窘。所以说,了解自己,并且了解敌人,可以百战百胜。懂得天时,知晓地理,胜利就不可穷尽了。

兵法故事

赵奢以迂为直救阏与

公元前 270 年,秦军派重兵围困阏与。阏与属上党郡,是秦、赵争霸中一个重要的战略要地,赵惠文王急忙召见大将廉颇商议,问:"阏与可以援救吗?"廉颇回答说:"路远,而且艰险狭窄,很难援救。"赵王又召见乐乘问这件事,乐乘的回答和廉颇一样。赵王不死心,又召见赵奢来问,赵奢回答说:"狭路相逢勇者胜! 这就好比两只老鼠在洞里争斗,勇猛者能够取得胜利。"于是,赵王任命赵奢为将,率军去解阏与之围。

当时,秦军在围困阏与的同时,已经做了防止赵军出兵救援的准备。他们发兵一支,直插离邯郸较近的武安,牵制赵军行动。驻守在武安的秦军精锐骁勇,士兵们整齐的军号声让武安城屋顶上的瓦片都一齐震动起来,真是军威赫赫,令人畏怯啊。

赵奢知道这些情况后,从邯郸出发才三十里就下令安营扎寨,命令军中加固营垒,在营区周围修筑了许多屏障,故意做出畏惧秦军,只求保住都城邯郸,无心解救阏与的姿态。并且命令部队说:"有胆敢以用兵打仗的事情进谏的,斩!"军中有一人建议火速去救武安,赵奢立即把他杀掉了。

一直过了二十八天,赵奢还是按兵不动,只是装模作样地再次加固了营垒。秦军派遣间谍进入赵军驻地侦察,赵奢将计就计,好酒好菜地招待后放走了。间谍回去把赵军的情况报告给秦军将领,秦将非常高兴,说:"赵国的军队才离开赵国三十里地,就搭起营帐不敢往前走了,看来这回阏与要归我们秦国喽!"就这样,麻痹大意的秦军放松了警惕。

而赵奢在送走秦军间谍以后,突然下令集合部队迅速向西行军,仅两日一夜即抵达距离阏与五十里的地方。被抛在武安的秦军听说赵奢已经到达阏与,如梦方醒,慌忙调集兵力奔向阏与。

这时的赵军虽然抢占了先机,但远离后方,孤军独进,形势依然十分危险。一位叫许历的军士向赵奢建议说:"秦军没有想到我军能够先行到达这里,必然来势凶猛,难以抵挡。据我看来,现在的形势,谁先占领北山制高点,谁就能取得此次战争的胜利!"

赵奢采纳了许历的建议,立刻发兵万人,抢占了北山制高点。果然,等秦军到达想要争夺北山,已经失去了先机。他们拥挤在山下,陷入十分被动的境地。赵军利用有利地势,居高临下,俯击秦军。秦军大败,四散溃逃。阏与之围随之解除。

此次战役,赵奢审时度势,灵活用兵,避开强秦的兵锋,越过险阻,轻装急进,迅速抢占了关键的地理位置,取得了战争的主动权,以逸待劳,大破秦军,使秦国遭受了一次重大的挫折,不敢再轻举妄动。赵奢因此战而被封为马服君,地位比肩廉颇、蔺相如,被后人列入东方六国的八大名将之一。

赵括纸上谈兵终败亡

上党号称"天下之脊",地势十分险要,自古以来就是兵家必争之地。公元前 260 年,秦国大将王龁率领大军攻打赵国,占领了刚刚归属于赵国的上党城。

赵王立刻派大将军廉颇率军迎战,双方在长平相持。赵军数战不利,主将廉颇依托易守难攻的有利地形,筑起数十座营垒坚守不出,命令士兵固守营垒,准备以以逸待劳的方式首先挫杀秦军的锐势,然后等待有利时机再出击。

秦军历来善于突进急击,但因远征千里,粮草补给不足,而且秦国有"虎狼之国"的恶名,在上党地区不得民心。而赵军补给却源源不断,又有上党民众的支持。所以秦军想速战速决。可任凭秦军屡屡挑战,赵兵都只坚守而不出去应战。

秦军主将王龁长期求战不得,急得夜不能寐。这时,忽然探马来报:赵国派赵括来换廉颇。王龁一听说来的是赵括,不禁哈哈大笑:"是那纸上谈兵的赵括呀,赵王中了我们的反间计了!"

原来,廉颇是个身经百战的老将,很难对付,秦军把他视为眼中钉、肉中刺。为扭转战局,秦国精心策划了反间计,暗中派人携带黄金千斤潜入赵王的宫中,收买贿赂了许多大臣,要他们四下散布谣言,说:"廉颇那老儿已经不行了,胆小得很,只会当缩头乌龟。秦国人最害怕的是赵奢将军。听说赵奢的儿子赵括精通兵法,又有谋略。要是让他当主将,秦兵早就吓跑了!"几天之内,赵国王宫内外、街头巷尾谣言四起,都说廉颇远不如赵括,此次秦赵一战,非赵括出征不可。赵孝成王早就恼怒廉颇数次战败,坚壁不出,几次派人责备廉颇。听了这些谣言,赵王便想派赵括去取代廉颇。

赵王派人去把赵括叫来,问道:"爱卿能为我击退秦兵吗?"赵括踌躇满志地说:"臣从小熟读兵书战策,对用兵之法了若指掌,杀退秦兵,那是不在话下。"赵王一听大喜,当即任命赵括为元帅,赏赐给他无数的金银珠宝、绫罗绸缎,又增派二十万精兵强将随赵括出征。

赵括的母亲听说这事,马上去求见赵王说:"我儿乃一介庸才,只会纸上谈兵,不知天高地厚,您还是另选良将吧。"赵王笑道:"赵将军熟知兵法,有将相之才,寡人认为是领兵的最好人选。"赵括的母亲连忙摆手,道:"不行,不行!我儿全不像他父亲,不能和将士们同甘共苦,不吃败仗才怪呢!"赵王一听不乐意了,把袖子一甩说:"寡人心意已决!"赵括母亲见赵王发怒,不敢多言,老泪纵横地恳求道:"您一定要派我儿领兵,日后他若

战败,莫要株连老身。"赵王答应了她的请求。

赵括把赵王的赏赐全都拉回了家,然后率领着二十万大军向长平进发。秦王得知消息后,立即调整战略部署,任命军功显赫、威震敌国的武安君白起为主将,秘密奔赴前线领军。白起位列战国四大名将之首,用兵如神。他针对赵括鲁莽轻敌、只知照搬兵书的特点,决定采用后退诱敌、分割围歼的战术。

在战场上,地形错综复杂,形势瞬息万变。趾高气扬的赵括没有实战经验,盲目改变廉颇的战术,放弃了长平易守难攻的地形优势,率大军主动出击。白起将计就计,下令部队假装战败后撤。愚蠢的赵括不知是计,挥师追击,轻易杀出长平关,出城追击秦军,结果进入了秦军的包围圈。秦军出其不意,派出两支奇兵:一支两万五千人的轻骑兵绕到赵军背后,占据秦岭,切断了赵军的后路;一支五千人的精兵,穿插赵军中间,将赵军断为两截,使其首尾不能相顾。赵军运送粮草的道路被截断,顿成釜中之鱼,只好修筑营垒,苦守待援。

赵军被困整整46天,粮尽水绝,杀人而食,不战自乱。赵括组织了四次突围,均成泡影,自己也中箭身亡。赵军失去主帅,立刻陷入混乱,四十万大军全部解甲投降,被白起坑杀。秦军得马匹数万,辎重物资堆积如山。

长平之战是战国时期规模最大的一次包围歼灭战。赵括只知兵书,而不识地形,不谙变通,致使四十余万赵军被坑杀,最具实力统一中国的赵国遭受毁灭性的打击。此战后,秦国的实力大增,大大推进了统一中国的进程。

魏灭蜀汉之战

三国后期,建都成都的蜀汉是魏、吴、蜀三国中疆土最小、人口最少、实力最弱的国家。诸葛亮死后,大将姜维多次征战失败,加上后主刘禅昏庸无能,宠信宦官,导致国力日渐衰弱。而魏国自曹芳继位后,掌握实权的司马懿父子招揽人才,推广屯田,兴修水利,移民实边,使魏国政治稳定,经济发展,国力日渐强大。

公元 263 年,魏国派大将钟会、邓艾率领十八万大军,南下攻打蜀国。蜀将姜维、廖化率军以剑阁险道为屏障,阻击魏军。剑阁在今四川剑阁县,西有相连的小剑山和大剑山,地势险峻,道窄谷深,易守难攻,姜维利用这种有利于防守的地形,在此列营守险。

面对剑阁雄关,魏军强攻不克,寸步难进。因剑阁是通往成都的主要通道,无法放弃,加上魏军粮食不继,士气疲乏,军心开始动摇。在这进退维谷的关键时刻,大将邓艾提出了一条奇策,建议从阴平绕小道攻打涪城。这样,如果蜀军从剑阁来援救涪城,那么剑阁兵力不足容易攻破;如果蜀军不来援救,那么就趁势攻破涪城,切断蜀军的后路,并可直指成都。不管怎么样,都可置剑阁这一天然屏障于无用武之地,灭亡蜀汉也就成为瓮中捉鳖、手到擒来的事情了。钟会听了连连称奇,采纳了这条计策。

从阴平到涪城的小道,山高谷深,人迹罕至,因此蜀军怀揣侥幸心理,没有在这里设防。邓艾挑选了一万精兵,沿着白水河谷向东行进,登上摩天岭,途经荒无人烟的七百多公里山陵地带,一路凿山开路,架造便桥。山路的艰险超乎想象,军粮又后继不足,邓艾深知无路可退,鼓励士兵们说:"振作起来!进入平地就会有粮食,否则只能饿死在这里,成为野兽的腹中餐。"他身先士卒,遇到绝险处,用毛毡裹着身体一滚而过。士兵们攀着树木,沿着悬崖,一个一个地越过深涧。在克服了难以想象的困难后,邓艾带领军队通过了阴平险道,到达江油。

江油关据石门,临涪水,一面大江,三面悬崖,是和剑阁齐名的天险。江油守将马邈见魏军从天而降,猝不及防,不战而降。魏军得到给养,士气大振,乘胜进攻涪城。

江油失守后,蜀国派大将诸葛瞻率军对抗魏军。诸葛瞻到达涪城后,下令屯兵休整,部将黄崇再三建议继续进兵迎击魏军,阻止其进入平坦地带,但未被采纳。魏军趁机逾越险阻进入平地,大败诸葛瞻前锋。诸葛瞻再次战略失误,引兵从涪关后撤一百多里,退守绵竹,把涪关险城白白送给了邓艾。魏军乘胜进攻绵竹,大破蜀军,斩杀诸葛瞻及张遵、黄崇等人,伏尸数万。

绵竹失守,蜀国上下陷入一片混乱。当时蜀军多在剑阁,护卫成都的兵力不足。魏军攻占绵竹后,立即向成都进军。蜀国君臣得知消息,都不知所措。后主刘禅见魏军兵临城下,无处逃遁,就开城降魏。魏军占领成都后,招降了姜维等大将,蜀国正式灭亡,开启了三国统一的序幕。

魏灭蜀之战,是强者消灭弱者的一场战争。魏国在政治、经济和军事上的优势,奠定了战争胜利的基础。但综观此战,双方对地形的认识、利用的优劣高下,对战争胜负产生了决定性的影响。尤其是邓艾采用以迂为直的谋略,趁两军主力相持之际,率偏师出奇兵,翻越天险,绕过蜀军的正面防御,袭取蜀都成都,创造了中国战争史上著名的奇袭战例。

九地第十一

中心大意

本篇概述了九种不同军事地理的特点及其对士兵心态产生的影响，进而提出具体灵活的应变措施。指出深入敌境突袭作战时，可以利用危险的地形，使士卒上下一心，无所畏惧，为克敌制胜创造条件。

原文选译

"兵之情主速，乘人之不及，由不虞之道，攻其所不戒也。"

用兵打仗贵在神速。要乘敌人措手不及的时候，选择敌人意想不到的道路，攻击敌人没有防备的地方。

"投之亡地然后存，陷之死地然后生。夫众陷于害，然后能为胜败。"

将士兵们投入危地,才能转危为安;使士兵们陷入死地,才能起死回生。军队深陷绝境,士兵们才会拼死战斗,赢得胜利。

"为兵之事,在于顺详敌之意,并敌一向,千里杀将,此谓巧能成事者也。"

指挥作战,在于假装顺从敌人的意图,一旦有可乘之机,就集中兵力指向敌人的一点。这样,即使长驱千里,也能擒杀敌将。这就是所谓巧妙用兵,能够成就大事的意思。

兵法故事

项羽破釜沉舟战秦兵

秦朝末年,暴虐的统治激起了百姓的反抗。陈胜、吴广揭竿而起后,原来被秦国统一的六国纷纷起兵反秦。公元前207年,秦国大将章邯率兵围困赵王于巨鹿。赵王派使者向各国诸侯求援。当时秦军十分强大,各诸侯虽然带大军前来援救,但畏缩不进,无人敢去迎战。

乱世出英雄,一方霸主项羽就在此时登场了。项羽身高八尺有余,力能扛鼎,勇猛过人,吴中子弟都非常害怕项羽。项羽少年时,他的叔父项梁教他读书,但他读了没多久就不读了,项梁又教他学剑,没多久他又不学了,项梁十分生气。项羽说:"读书不过记个姓名而已,学剑只能和一人对敌,要学就学万人敌。"项梁于是又教项羽兵法,项羽非常高兴,但也是浅尝辄止,不愿深入钻研。后来,秦始皇到会稽游玩,驾大船渡浙江,项羽与项梁一起观看,项羽对项梁说:"那人,可以取而代之。"项梁忙捂住项羽的嘴说:"你不要乱说话,否则会招来灭族大祸!"但项梁从这以后就对项羽另眼相看。

项梁起事后,采纳谋士范增的建议,在民间找到楚怀王的孙子熊心,仍立为楚怀王,以顺应民心。秦军围困巨鹿时,楚怀王就以宋义为上将军,以项羽为次将,率兵救赵。途中,项羽杀死宋义,楚怀王被迫封他为上将军,率领数万楚军北上以解巨鹿之围。

项羽先派英布、蒲将军带领两万人马渡河进攻秦军运输粮草的甬道,取得了一场小胜利。趁着秦军疲惫不堪,项羽决定抓住时机全军进攻。他带着剩余的主力部队,全部渡河。当时,项羽所率领的楚军是一支杂牌军,战斗力参差不齐,而项羽又是第一次指挥他们,难以得心应手。在这样的情况下,项羽深知只有"陷之死地而后生,置之亡地而后存",他孤注一掷,命人打破做饭的锅,凿沉渡河的船,烧掉居住的帐篷,每人只带三天干粮,以迅雷不及掩耳之势直奔巨鹿。

在项羽不胜则死的决心和勇气的鼓舞下,楚兵士气振奋,无不以一当十,以十当百,有如猛虎下山,越战越勇。沙场之上,烟尘遮天蔽日,喊杀声惊天动地。经过九次激烈战斗,楚军终于打退骁勇善战的秦国名将章邯,瓦解了围困巨鹿的秦军。

项羽这种不要命的打法,让各路诸侯既佩服又害怕。他们看到形势有利立刻加入战斗,再加上巨鹿城的赵军里应外合,把秦军打得大败,杀死了秦将苏角,俘虏了秦将王离。秦将涉间走投无路,放火自焚而死。

经此一战,曾经击败匈奴的秦国雄师,主力尽丧,名存实亡。项羽以少量杂牌军全歼精锐秦军,威震诸侯,名闻天下。打败秦军后,项羽召见各诸侯,他们进入辕门时都是跪着前行,谁也不敢抬头仰视。项羽从此确立了在诸侯军中的领导地位,各路诸侯都归他统率了。

李靖灵活用兵擒萧铣

唐朝初年,为了平定盘踞在江陵的南梁政权萧铣的割据势力,唐高祖李渊诏令集结巴、蜀兵士,任命李孝恭为荆湘道行军总管,李靖为行军长史,率军自夔州顺流东进,与其他三路大军分头并进,一齐攻打江陵。

适值秋天雨季,江水暴涨,滔滔的长江水怒号着经由三峡狂奔而下,那咆哮声响彻峡谷,令人心惊胆战。唐将们大都望而生畏,请求待水退后再进兵。李靖却以他那超人的胆识和谋略,力排众议,说:"兵贵神速,机不可失。如今我们的军队刚刚集结,萧铣还不知道。此时,如果我们趁长江涨水,顺流东下,以迅雷不及掩耳之势突袭江陵,必然能够一举擒获萧铣,这是兵家上策。如果等江水回落再发兵,萧铣必然会有所准备,那就失去了进兵的良机!"李孝恭采纳了李靖的建议,下令继续进兵。

于是,唐军的两千多艘战舰,沿着三峡,冲破惊涛骇浪,顺流东进,奇迹般地突然出现在了梁军面前。果然,萧铣见长江水势汹涌,以为唐军船只无法通行,就休养士兵,不加防备。唐军不费吹灰之力就占领了荆门、宜都,并进军夷陵。攻下夷陵之后,李靖又马不停蹄,率轻骑五千为先锋,直奔南梁都城江陵,李孝恭率大军继后。

萧铣的大将文士弘率领数万精兵来阻击唐军,却被打得落花流水,杀死、淹死的人将近万人。李孝恭带领大军继续进攻,又大败萧铣的部队,俘获士卒四千多人,攻克江陵外城,并占领了水城。这时,唐军缴获了大批舟舰,李靖却让李孝恭将它们全部散弃江中,顺流漂走。

众将都大感不解,问道:"缴获的战船,正好为我们所用,怎能再送回敌军手中?"李靖笑着解释说:"萧铣的地盘广大,南到五岭以南,东到洞庭湖。我们孤军深入,如果攻不下江陵,敌人的援军从四面八方赶来接应,我军腹背受敌,进退两难,即使有船只也用不上。不如现在丢弃这些船让它们顺流而下,塞满长江江面。敌方的援兵见到了,一定以为江陵已经被攻破,不敢轻易进军。他们要派人侦察到实情,至少也得十天半月,这就

为我军攻下江陵争取了时间。"诸将领听了李靖的妙计,个个拍手称绝。

李靖的疑兵之计果然奏效,萧铣的援军见到处都是遗弃的空船沿江乱漂,以为唐军已经占领了江陵,都疑惧不前。还有一些人听说江陵城已破,萧铣大势已去,干脆投降了李孝恭。

唐军把江陵围得水泄不通,萧铣见内无粮草,外无救兵,对他的大臣们说:"上天不保佑大梁,我们支撑不下去了。如果一定要等到无力挽回的地步,百姓们也会跟着遭殃。怎么能因为我一个人让生灵涂炭呢?"于是,萧铣下令开城投降。南方各州县听说萧铣投降后,也纷纷望风归降。

李靖凭借高超的军事才能,建议把握战机快速进兵,又运用迷敌之计拖延时间,迅速平定了萧铣割据势力,立下了赫赫军功,得以出将入相,名垂后世。贞观年间,唐太宗李世民命人在凌烟阁内画《二十四功臣图》,李靖名列其中,位居第八。

李存勖兵贵神速灭后梁

李存勖是唐朝末年著名将领李克用的长子,从小就很有军事天赋。他十一岁时便跟随父亲出征作战,得胜后随父亲入宫觐见。唐昭宗见了他,非常惊讶:"这孩子真是长相出奇!"然后轻拍着他的背说:"这小子日后必定是国家的栋梁之材,到时候要为我大唐尽忠啊!"因为唐昭宗对李存勖说了一句"此子可亚其父",意思是说他能超过他的父亲,使他的父亲也不如他,所以得名"亚子"。

公元907年,朱温灭唐称帝,建都开封,国号为"大梁"。李克用打着兴复唐朝的旗号,与后梁对抗。

第二年,李克用生了毒疮,眼看治不好了。临死前,他拿出三支箭,交

给儿子李存勖,郑重地嘱咐说:"梁国的朱温是我的仇人,这你知道。燕王
刘仁恭父子是靠我的庇护,才担任了卢龙军节度使并占据了幽州,契丹的
耶律阿保机曾经和我相约结为兄弟,他们却都背叛了我,跟我作对。这三
件事,是我毕生深以为憾的恨事。如今给你三支箭,你千万要记得你父亲
未了的心愿!"

李存勖含泪接过了箭,答应一定为父亲报仇。这以后,他把这三支箭
供奉在宗庙里,每次出兵作战就派人拿出这三支箭,放在一个锦囊里,让
人背着,走在队伍的前面,等到作战回来,再放回宗庙继续供奉。

李存勖继承李克用的爵位,做了晋王。当时晋军与梁军在潞州对峙。
李存勖想立即救援遭后梁军队围攻的潞州,有人认为服丧期间不宜出兵,
李存勖分析道:"敌人以为我们正在服丧不会出兵,又认为我年轻,刚刚接
替父亲之位,肯定没有治国的能力,更不用说领兵打仗了。敌人精神松

懈,必然毫无防备,这时如果我们出其不意,突发奇兵,那一定会成功的。"

李存勖说服了众人,立即整军出发,直扑潞州。趁着漫天浓雾,率领大军直捣梁军的营寨。梁军措手不及,被李存勖杀得丢盔弃甲,溃不成军。这次奇袭成功大大挫伤了梁军的锐气,歼灭士卒一万多人,缴获的武器粮草更是数不胜数。梁王朱温听说这个消息,惊讶得张大了嘴,过了好半天才叹了口气说:"生儿子就应当生李亚子这样的!我的儿子们跟他相比,都是些猪狗一样没用的东西。"

公元923年,李存勖又率领大军袭击大梁。在越过汶水后与梁将王彦章相遇,一战而胜,并抓住了王彦章。这时,李存勖对将领们说:"原来我担心的只有王彦章,如今他被抓住了,莫不是天意要灭亡梁国?现在是继续攻打还是撤退,该何去何从呢?"

有的将领建议说:"据说梁国没有什么防备,但不知道是真是假。不如去攻打其他城池,扩大我们占据的地方,然后乘机行事,这样可保万无一失。"将领康延孝却坚决请求急速攻取大梁,前锋李嗣源也说:"兵贵神速。现在王彦章被抓获,梁国那边一定还不知道。即使有人跑去告诉他们,他们军队的主力到达大梁至少也要三天时间。而我们这里离大梁最近,前面也没有高山险要的地方,把部队排成方阵昼夜兼程地赶路,过两个晚上就能到达。梁国在黄河边的救兵还没赶到,我们就已经攻破他们的皇城了。"

李存勖听从了李嗣源的意见,派他连夜率领一千骑兵作为前锋快速直奔大梁,自己率领主力随后跟上。李嗣源的军队很快到达大梁,突如其然地发起进攻,梁守军不战而降。不久,后梁灭亡,李存勖也最终为父亲报了三支箭代表的三个大仇。

火攻第十二

{中心大意}

本篇论述了战争中以火助攻的五种形式,实施火攻的物质条件、气象条件,实施方法,以及火发后的应对措施。同时提出了国君不可因个人喜怒而发动战争,将领不可逞一时意气而轻率动武的"慎战"思想。

{原文选译}

"凡火攻有五:一曰火人,二曰火积,三曰火辎,四曰火库,五曰火队。行火必有因,烟火必素具。发火有时,起火有日。"

火攻形式共有五种,一是火烧敌军人马,二是焚烧敌军粮草,三是焚烧敌军辎重,四是焚烧敌军仓库,五是火烧敌军运输设施。实施火攻必须具备一定的条件,火攻的器材必须准备就绪。放火要看准天时,起火要看准日子。

"非利不动,非得不用,非危不战。主不可以怒而兴师,将不可以愠而致战。合于利而动,不合于利而止。怒可以复喜,愠可以复悦,亡国不可以复存,死者不可以复生。故明君慎之,良将警之。此安国全军之道也。"

没有好处不要行动,没有取胜的把握不要用兵,不到危急关头不要开战。国君不可因一时愤怒而发动战争,将帅不可因一时的气愤而出阵求战。符合国家利益才用兵,不符合国家利益就停止。愤怒还可以重新变为欢喜,气愤也可以重新转为高兴,但是国家灭亡了就不能复存,人死了也不能再生。所以,对于战争,明智的国君要慎重,贤良的将帅要警惕,这是安定国家和保全军队的基本原则。

兵法故事

田单火牛破敌守即墨

战国时期,燕国以乐毅为上将军,联合了好几个国家,集结了几十万大军,向齐国发动了大规模的进攻。燕军所向披靡,很快攻克了齐国的首都临淄和大部分城池。楚国假意要援救齐国,派人杀死了齐愍王。这时的齐国,只剩下莒和即墨两座城池还在苦苦地坚守中。

齐王远房的族人中有个叫田单的人,曾在临淄当过管理市场的小官,迫不得已随着众人逃到了即墨。即墨是齐国比较大的一个城池,物产丰富,人口众多,没那么容易被攻占。于是,即墨的军民推举田单为主将,并集结了七千余名士兵守卫即墨。

为了除掉最难对付的敌手乐毅,田单苦思冥想,想出一条绝妙的离间计。他打听到燕惠王在做太子时曾受过乐毅的奚落,就派人潜入燕国散布谣言,说乐毅迟迟攻不下即墨,是想寻找机会在齐国称王。他根本不想为燕惠王效力,当然不会认真攻打即墨了。燕惠王本来就忌惮乐毅的功劳,听到这种谣言果然中计,下令让一个叫骑劫的将军取代了乐毅。

接着,田单又想办法激励即墨城将士和百姓的斗志,他颁布了一道命令:全城无论大人孩子,每餐饭前都必须祭祖。祭祖时撒下的饭粒,引得许多麻雀降落到城里,叽叽喳喳,遮天盖地。齐人对此很是纳闷,田单却不以为然地对大家说:"这是天神要来帮助我们了! 我们一定要守住即墨,齐国必胜!"田单又派人散布谣言,说齐人最害怕的就是割鼻子和挖祖坟,诱使燕军割掉了齐人俘虏的鼻子,还挖开了齐人在城外的祖坟。即墨人在城楼上看见,个个痛哭流涕,纷纷跪在田单面前,要他打开城门和燕军决一死战。

然后,田单下令所有的精壮士兵都埋伏在城里,只让一些老弱病残和妇女登城守卫。他故意派人出城与燕军谈判投降条件,还悄悄叫人带着黄金去贿赂燕军将领,恳求他们在攻城之后,不要抢劫自己家的财产。这样一来,原来还有所怀疑的燕军将领,都对田单的投降信以为真,更加麻痹大意了。

与此同时,田单暗中征集了一千多头耕牛,让人给这些耕牛披上画着五彩龙纹的外衣,又在牛角上绑上尖刀,牛尾巴上扎着用油浸过的草束。又让人在城脚挖了几十条通往燕军大营的暗道。一场惊天动地的火牛阵攻势,就这样悄无声息地准备好了。

这天晚上,田单把这些牛分批赶进暗道之中。只听田单一声令下,士兵们一齐点燃了牛尾巴上的草束,牛在剧烈的疼痛之下,发了疯一般地向

燕军冲去。一时之间，一千多头火牛以排山倒海之势席卷了燕军的阵地。睡梦之中的燕军将士，爬起来看见火光冲天，隐约有无数角上有刀、身后带火的龙纹怪兽从天而降，吓得魂飞魄散，纷纷夺路而逃，互相踩踏而死、烧死或是被尖刀捅死的不计其数。五千多名齐国勇士，紧随火牛冲杀而来。燕军措手不及，死伤惨重，主将骑劫也在混战中一命呜呼。

留守在即墨城里的妇女老弱，在田单的命令下拼命敲打家里的坛坛罐罐，用震耳欲聋的响声为齐军助威。没等天亮，燕国的几十万大军就溃败了。

田单率军乘胜追击，很快把燕军赶出了齐国，收复了城池七十余座。随后，田单把在外避难的太子迎回来即位，也就是齐襄王。齐襄王封田单为安平王，把安平这块地方赐给他，用以表彰他的功勋。

火烧赤壁连环船

三国时期，统一了北方的曹操，雄心勃勃地率领大军南下，进攻占据荆州的刘表。曹操的人马还没到，刘表就病死了，他的儿子刘琮见曹军声势浩大，就派人求降了。

这时候，汉室宗亲刘备还没有固定的地盘，依附刘表在樊城驻守。他得知曹军南下，决定把人马撤退到江陵。刘备爱民如子，不愿舍弃跟着他的荆州十几万百姓，每天只能行军十几里，被曹操的骑兵追上冲杀得七零八乱，不得不退守到樊口一带。危急之下，刘备派军师诸葛亮向东吴的孙权求救，双方结成了联合抗曹的军事同盟。

孙权任命周瑜为都督，率领三万水军，与刘备协力抵抗曹操。曹军从北方远道而来，不擅水战，很多士兵不服水土得了疫病。因而，双方在赤壁一交锋，曹军就吃了败仗，被迫撤退到长江北岸，与南岸周瑜的军队隔江相望。

初战失利，曹操很恼火。这时，有人献计说："用铁链把战船连起来，再铺上木板，搞成连环船。这样，风浪再大船都不会摇晃，士兵们就不会晕船了。"曹操觉得这办法不错，一试之下，更是发现战船连在一起甚是平稳，不仅人在上面如履平地，战马也可以方便地上船下船，便下令军中铁工连夜打造铁链、铁环、大钉，作为战船连合之用。

谋士程昱提醒曹操说："几只大船连在一起固然平稳方便，但万一敌人用火攻，只要一只船起火，所有船就会跟着烧起来，不能不防啊！"曹操听了，笑道："这倒不用担心，我早就料到这一点了。你只知其一，不知其二。眼下正是严冬腊月，刮的风十之八九是西北风。我们在北岸，他们在南岸，他们要是用火攻，那不是搬起石头砸自己的脚吗？"众人听了连连叹服，都钦佩曹操思虑高明。

东吴老将黄盖看到曹军的连环船，就来到周瑜帐中，献了个计策，说：

"现在曹军用铁索把战船连起来,我看可以用火攻的办法打败他们。"周瑜说:"我也想到了这个计策,但苦于没有合适的人假投降,好靠近曹军的兵船放火啊。"黄盖拍拍胸脯说:"都督不用烦心,老将愿往!"周瑜听了大喜,想了想又说:"不过,老将军若不受点苦楚,怕那曹阿瞒不信。"黄盖大义凛然地说:"我受东吴大恩,无以为报。莫说吃点皮肉之苦,就是肝脑涂地,也在所不辞!"当夜,两人就定下了一个周瑜打黄盖的"苦肉计"。

第二天,周瑜召集各路将领帐下议事,下令大将们各预备三个月粮草抗敌。话未说完,黄盖就站出来反对说:"备三个月粮,也无望破敌。敌众我寡,还是趁早投降吧!"

周瑜勃然大怒道:"我奉命督军破曹,你竟敢动摇军心。来人哪,推出去斩了!"黄盖轻蔑地说:"周瑜小儿,我是东吴三代重臣,你敢动我?"在场的将领们见势不妙,忙跪下替黄盖求情。周瑜狠狠地说:"看在众将面

上,饶你不死,重打一百军棍!"武士们当场把黄盖剥去衣服,拖翻在地。没打到五十下,黄盖就皮开肉绽,鲜血直流,昏死过去。

没过几天,还在养伤的黄盖就派人给曹操送去一信,信上写道:"孙氏对我黄盖有三世厚恩,但从天下大势来看,江东要用几万兵力来对抗您的百万大军,实在是自不量力。江东的文武官员都不愿与您交战,只有浅薄鲁莽的周瑜和鲁肃硬要以卵击石。我现在受了点气倒是小事,归顺您却是为了大义。两军交锋时,我愿意寻找机会为您效劳。"

曹操看完信,立刻表现出欣喜若狂的样子,对送信人说:"黄将军若真心归顺,我一定重用他!"曹操让送信人回去转告黄盖,速速约定时间率军渡江来降。

曹操老谋深算,哪里就会轻信了黄盖的片面之词。他马上派探子去打听,探子回报说,黄盖因为反对周瑜挨了一顿毒打,正在养伤。这事众所周知,东吴许多将士都为他打抱不平。曹操听了探子的话,相信了黄盖信上的话。

这时,黄盖叫士兵们偷偷准备了十艘大船,船头插着青龙旗。船上装满干柴、芦苇,浇上油膏,再盖上油布。每只大船后边系着轻便小船,以便士兵们在大船起火时换乘。一切布置停当,黄盖请周瑜来检查。那天正刮着风,江面上波浪翻腾,船上的旗帜猎猎地迎风飘扬。周瑜看着大小船只,忽然想起一件事,霎时脸色煞白,只觉得一阵头昏目眩,差点没晕了过去。

鲁肃见周瑜病得不轻,急忙要给他请医诊治,周瑜却摇摇头,说:"用不着请大夫,你去请诸葛先生过江来一趟。"诸葛亮很快来了,周瑜虚弱地对他说:"不瞒先生,我这头疼病是给风闹出来的。"诸葛亮笑道:"我已经知道了。我给你开个方子,怎么样?"周瑜一喜,忙说:"请先生赐教!"

诸葛亮拿起笔来,在纸上写了十六个字:"欲破曹操,宜用火攻。万事俱备,只欠东风。"周瑜看了,不禁脱口而出:"先生真乃神人!您可有良策?"诸葛亮沉思片刻,说:"您不用担心。虽说现在是冬天,刮的是西北风。但后天就是冬至了,到时候东南风会来的。"

周瑜心想,都说天有不测风云,这诸葛亮还能预测天象不成?这人若真有这样的才能,以后是断断留不得了!虽然将信将疑,周瑜还是叫黄盖抓紧准备。

到了冬至那天,果然刮起了东南风。黄盖连忙派人送信给曹操,说今晚率领粮船来降,船头悬挂牙形青龙旗作为标志。曹操接到黄盖的信,大笑着说:"连黄盖都抛弃孙氏来投降我,我何愁不能荡平东吴啊!"

这天晚上,黄盖带领着船队顺风而来,迅速地向曹军驶去。在离曹军水寨二里远的地方,黄盖一声令下:"放火!"霎那间,风烈火猛,只见十只烈火熊熊的火船,像箭一样径直向曹军冲去。十只火船后面小船上的军士们砍断绳索,向水寨施放火箭。火借风势,风助火威。曹军船只首尾相连,分散不开,移动不便,冲天火焰立刻在连环船上蔓延开来,江面上一片火光。惊慌失措的士兵们,夺路跳水逃命,淹死、烧死的不计其数。

经过赤壁之战的大败后,曹操的势力重新被赶回了北方,孙权巩固了在江东的统治,刘备在战后乘机南下,攻占荆州的武陵、长沙、桂阳、零陵等四郡。赤壁之战,对于魏、蜀、吴三国鼎立局面的形成起了决定性的作用。

陆逊火烧连营

赤壁之战后,战略要地荆州被曹操、刘备、孙权三方所瓜分。公元210

年,刘备向孙权借了荆州的南郡,不久又夺取了益州,建立了蜀汉基业。孙权对于刘备势力的迅速扩张深感不安。他向刘备索还荆州遭到了拒绝,双方为此剑拔弩张,关系紧张。公元219年,孙权乘荆州守将关羽与曹魏大军激战之时,派遣大将吕蒙偷袭荆州。关羽腹背受敌,兵败被杀。

早年,刘备与关羽、张飞结识后惺惺相惜,相见恨晚。三人在桃园中祭告天地,结为异姓兄弟,盟誓"不求同年同月同日生,只愿同年同月同日死"。此后,关羽跟随刘备东征西战,为蜀汉基业立下了汗马功劳。他曾被曹操生擒,受到厚礼相待,表封为汉寿亭侯。但关羽身在曹营心在汉,一得知刘备下落,就过五关斩六将,带着刘备的家眷回到刘备身边。关羽不仅忠心耿耿,而且英勇善战,是刘备不可或缺的左膀右臂。

因而,刘备得知二弟关羽被吴军杀害后,有如五雷轰顶,怒不可遏。一怒之下,他集结了蜀国几十万人马,前去攻打东吴,誓要夺回荆州,为关羽报仇。公元221年,刘备大军的先头部队沿长江逆流而上,在巫县大败吴军,一口气打到了秭归。孙权畏惧蜀军浩荡的气势,派人前去求和,却被刘备断然拒绝。

孙权只得转而与曹操结盟,并任命陆逊为大都督,统率五万兵马,抗击蜀军。

刘备的大军到达秭归后,便开始进攻夷陵。陆逊见刘备兵势强大,锐气正盛,决定暂时避开蜀军的锋芒,果断地命令部队后撤,一直退到夷陵、猇亭一带。这样一来,就把兵力难以展开的数百里山地留给了蜀军。刘备求胜心切,亲自率领大军沿着崎岖山道长驱直入,深入夷陵一带。蜀汉军战线拉长,一路扎下了几十个大营。

为了分散吴军的兵力,刘备又派兵去围攻驻守夷道的孙桓。孙桓是孙权的侄子,将领们请求陆逊出兵援救孙恒,他却把头一摇说:"不行！倘若我们的兵力过于分散,就不可能打败刘备。再说,夷道城池坚固,粮草充足,坚守数日不成问题,正好可以牵制住一部分蜀军。"

刘备见一计不成,又生一计。他在山谷设下八千伏兵,然后派人天天去吴军大营前辱骂挑衅,引诱吴军出战。可陆逊识破了他的计谋,按兵不动,严令所有将士坚守不出。陆逊手下的将领,许多是久经沙场的老将,根本不把年轻的陆逊放在眼里。他们闯进陆逊的大帐,气势汹汹地责问道:"刘备这样侮辱你,你不觉得羞愧吗？你自己害怕也就罢了,为何不准我们去应战！"陆逊霍地抽出宝剑往地上一掷,大声道:"大敌当前,军令如山,谁敢出战,莫怪这把宝剑无情！"看着地上的宝剑,将士们谁也不敢吭声了。刘备看吴军不上当,便将隐藏在山谷中的军队调了出来。东吴的将士这才知道差点中计,对陆逊的智谋大为佩服。

就这样,两军相持了半年之久。蜀军远征而来却不能速战速决,又在绵延数百里的高山峻岭中安营扎寨,补给日渐困难。入夏后天气炎热,大江两岸暑气逼人。刘备的士兵个个叫苦连天,斗志涣散。刘备为舒缓军士酷热之苦,命令水军移驻陆上,在深山密林中依傍溪涧结营休整,以避暑热,等到秋后再发动进攻。

此时,陆逊却突然发布了准备进攻的命令。他把将领们召进帐中分析敌情,说:"刘备的军队开始集结时,各方面都考虑得十分仔细,士气也很旺盛。那时倘若我们正面作战,绝对讨不到便宜。但现在他们的弱点已暴露无遗,士兵们的斗志也消磨殆尽,所以正是我们反攻的大好时机！"将士们听了恍然大悟,连连称是。

于是,陆逊先派出了一小队人马,进行了一次试探性的进攻。这次进攻虽未成功,却使陆逊找到了破敌之法——火攻。当时江南正是炎夏季节,气候酷热,而蜀军营连营,寨挨寨,若用火攻定能取胜。这天晚上,江面上刮起了强劲的东风,陆逊趁蜀军没有防备之际,派出一支部队乘夜突袭蜀军营寨。他让士兵每人带一把稻草,顺风放火。蜀军营寨的木栅和周围的树林、茅草都是易燃物,火势迅速蔓延。霎那间,连在一起的四十多个蜀军营寨都被烧着了,火势猛烈地照亮了江水,映红了天空。陆逊命令诸军趁势发起进攻,蜀军大乱,被杀得人仰马翻,鬼哭狼嚎。

混战中,刘备仓皇逃到夷陵西北的马鞍山上。陆逊紧追不舍,集中兵力四面围攻,又歼灭近万名蜀军。蜀军溃不成军,把丢弃的战袍装备堆在山道口上点燃,熊熊烈火堵住了在后面追赶的吴兵,刘备这才摆脱了险境。蜀军在此战中几乎全军覆没,阵亡数万人。刘备一口气逃到白帝城,就一病不起,不久便一命呜呼了。蜀国遭受重创,元气大伤。

在这次战役中,刘备"以怒兴师",恃强冒进,犯了兵家之大忌。而作为吴军主帅的陆逊,善于正确分析军情,大胆后退诱敌,集中兵力,击其疲惫,巧用火攻,最终以五万吴军一举击败来势汹汹的蜀军,创造了中国战争史上后发制人、疲敌制胜的著名战例。

用间第十三

中心大意

本篇论述了在战争中使用间谍侦知、掌握敌情的重要性,以及间谍的种类、特点、使用方法等,并主张五种间谍配合使用。

原文选译

"先知者,不可取于鬼神,不可象于事,不可验于度,必取于人,知敌之情者也。"

要事先了解敌情,不可用求神问鬼的方式来获取,不可用相似的事情作类比推测来得到,不可用日月星辰运行的位置来验证。一定要取之于人,从那些熟悉敌情的人那里去获取。

"故用间有五：有因间，有内间，有反间，有死间，有生间。五间俱起，莫知其道，是谓神纪，人君之宝也。"

间谍的运用有因间、内间、反间、死间、生间五种。五种间谍同时用起来，使敌人无从捉摸我用间的规律，这是使用间谍神妙莫测的方法，也正是国君克敌制胜的法宝。

"故三军之事，莫亲于间，赏莫厚于间，事莫密于间，非圣智不能用间，非仁义不能使间，非微妙不能得间之实。微哉！微哉！无所不用间也。"

所以在军队中，没有比间谍更亲信的了，奖赏没有比间谍更优厚的，也没有比间谍更为秘密的事情了。不是睿智超群的人不能使用间谍，不是仁慈慷慨的人不能指使间谍，不是谋虑精细的人不能分辨间谍提供的真实情报。微妙啊，微妙！无时无处不可以使用间谍。

兵法故事

郑袖妒设割鼻计

郑袖是战国时期楚怀王的宠妃，姿色美艳，但狡黠善妒。一次，魏惠王送给楚怀王一名魏国美人，容貌压倒了郑袖。喜新厌旧的楚怀王从此专宠魏美人，不再理会郑袖。郑袖失宠后嫉妒得发狂，便想出一个毒计，来陷害魏美人。

为了获得魏美人的信任，郑袖在表面上装出大度的样子，时不时地给魏美人送去精致的首饰、华美的衣裙。居住的屋舍、使用的家具，也总是挑好的给魏美人，似乎比楚怀王更爱护她。在楚怀王面前，郑袖也总是夸赞魏美人。楚怀王对郑袖的表现非常满意，说："女子依靠自己的美色来博取丈夫的欢心，嫉妒也是人之常情。现在郑袖知道寡人喜爱魏美人，于是比寡人还要爱护魏美人，堪称是孝子侍奉父母、忠臣侍奉君主的典范。"

有一天，魏美人在铜镜前梳妆，郑袖忽然叹了口气，说："妹妹，你真美，难怪大王喜欢你。不过，你样样得出色，鼻子却有些美中不足，真叫人惋惜。"魏美人不知何意，慌乱地摸了摸鼻子。郑袖又接着说："妹妹，我帮你想个法子吧。以后你见到大王，不妨遮住鼻子，不要让大王看见，这样大王就会长久地宠爱你了。"郑袖走后，魏美人在镜子前左照右照，越看越觉得自己的鼻子不顺眼。她看郑袖处处为她着想，简直亲如姐妹，想来不会害她，便听从了郑袖的话。每次见到楚怀王，魏美人就用羽扇遮住自己的鼻子。

时间长了，楚怀王对魏美人的做法感到十分奇怪，对郑袖说："这魏美人最近不知怎么了，每次一看见寡人，就掩住自己的鼻子。"郑袖欲言又

止,说:"妹妹怕是有难言之隐。"楚怀王见郑袖如此这般,肯定是知道些什么,不停地追问。郑袖为难地说:"我倒是知道原因。就怕说出来,大王会怪罪。"楚怀王说:"寡人赦你无罪!是何原因,快快说来。"郑袖犹犹豫豫地回答说:"不久前,曾听妹妹说,讨厌闻到大王身上的气味。"楚怀王一听勃然大怒,说:"真是个可恶的泼妇!"立即下令割掉了魏美人的鼻子,把她打入冷宫。从此,再也无人能跟郑袖争宠了。

王允巧施连环反间计

公元 189 年,汉灵帝驾崩,年仅十四岁的汉少帝刘辩登基,何太后临朝听政。不久,以何进为首的外戚势力和以十常侍为首的宦官势力争斗,手握重兵的凉州刺史董卓趁机以"勤王"为名进京。为了独揽大权,董卓废掉汉少帝刘辩,立刘协为帝,也就是汉献帝,自己做了相国,"挟天子以令诸侯"。刘协年幼不能治理国家大事,朝中大权全部落到了董卓手中。

董卓骄横跋扈,他把重兵驻扎在洛阳城外,每天带着铁甲骑兵入城,在街上招摇过市,不可一世。他听闻汉少帝作诗表达怨恨,就用毒酒杀死少帝,又把何太后从楼上扔下摔死。又将董氏宗族中的男子,不问长幼全部封为王侯。董卓自己每天入宫奸淫宫女,晚上就宿在皇帝睡的龙床上。并自称为"尚父",每天带着宝剑上殿,见了皇帝也不行礼,丝毫不掩饰自己的野心。

董卓生性残暴凶狠。一次,董卓出城打猎,正遇上村民社集。狠毒的董卓派士兵围住人群,把男子全部杀死砍下头颅挂在车上,把妇女财物统统掳走赏给士兵们。又有一次,董卓宴请百官,吃到一半,他忽然下令将几百个投降士兵的手脚砍断,挖出他们的眼珠,割掉他们的舌头,用大锅烹煮了。士兵们的哀号声震天动地,百官吓得魂飞魄散,战战兢兢,连筷子都拿不住。董卓却像什么事也没发生似的,照样大吃大喝,谈笑风生。

董卓倒行逆施,大肆杀戮,一时间京城中人人自危,一片混乱。曹操、袁绍等各路人马纷纷起兵声讨董卓,但都是雷声大,雨点小。这时,董卓把汉献帝挟持到了长安,并且自封为太师,还放了一把大火,把洛阳城烧了个精光。

司徒王允决意铲除董卓这个奸贼,但苦无良策,日日愁眉不展。王允府中有一名歌女,名唤貂蝉,美若天仙,后人把她与西施、杨玉环、王昭君并称为中国古代四大美女。这天晚上,王允拄着拐杖走到后花园,又想起董卓的暴行,不由在花架前仰天垂泪,却忽然听到有人在亭子里长吁短叹。王允走过去一看,却是歌女貂蝉准备了瓜果、香烛等物,正对月而拜。恰好一阵轻风吹来,浮云遮住了皎洁的月亮,仿佛那月亮看见貂蝉的美貌也自惭形秽,害羞地躲到了云朵后面。原来,貂蝉知道王允的烦恼后,在月下焚香祷告上天,愿为主人分忧,万死不辞。王允听了大受感动,于是就收貂蝉为义女,并根据董卓和他的干儿子吕布都是好色之徒的弱点,定下了一个"连环美人计"离间董卓和吕布两人。

第二天,王允请吕布到府中吃饭,席间让貂蝉陪酒。吕布一见到貂蝉,立刻就迷上了她,王允趁机提出把貂蝉许配给他,吕布欣喜若狂,连连称谢着离开了。

过了几天,王允又请董卓到家中喝酒,席间也让貂蝉献舞助兴。貂蝉身姿俏美,色技俱佳,董卓一见到这位绝色美人,立刻神魂颠倒,垂涎欲滴。王允见此情形,说:"如果太师喜爱,请允许我把她献给您吧。"董卓色迷心窍,假意推辞了一番,连夜把貂蝉带了回去。

　　吕布得知貂蝉被董卓带走，骑着马奔到王允府中骂道："王允老儿，你既然把貂蝉许配给我，如何又把她送给太师，难道是故意戏弄我吗？"王允急忙辩解道："我怎敢戏弄将军？今日太师到我家中，说是听闻我将小女貂蝉许配给了将军，特来接去送与将军。"吕布听信了王允的话，回到府中一心等候董卓将貂蝉送来。不久，却得知貂蝉已经被董卓霸占了，气得七窍生烟。

　　这天，吕布趁着董卓上朝去了，就到董府的后花园中与貂蝉幽会。貂蝉在吕布面前泪如雨下，哭得肝肠寸断，痛诉被董卓霸占之苦。吕布听了愤恨不已，他抱着貂蝉许诺一定会把她从董卓身边带走。正在这时，董卓回来了。他一眼看见吕布与貂蝉抱在一起，顿时怒火冲天，一把抓起身边的方天画戟，朝吕布刺去。吕布大惊，险些被画戟刺中，忙抬手一挡，飞身逃走。

　　吕布怒气冲冲地来到王允府中，将董卓骂了个狗血喷头。王允也大骂董卓抢走了自己的女儿，霸占了吕布的妻子，禽兽不如。吕布咬牙切齿地说："要不是看在他是义父的份上，我早就杀了他！"王允见时机成熟，就说："将军，太师他自姓董，您自姓吕，本来就不是一家人。更何况他抢了你的妻子，还想用兵器杀了你，何曾顾念过什么父子之情呢？"吕布点头道："是啊，他不仁，也就不能怪我不义了。我要亲手杀了这个老贼，一雪前耻！"于是，两人密谋假传圣旨召董卓上朝，再伺机诛杀他替天下除害。

　　董卓接到圣旨果然中计，耀武扬威地带着人马来到皇宫。董卓乘车一进宫门，埋伏着的卫士就挺戟朝董卓刺去。董卓虽然贴身穿着铁甲，却被刺中手臂跌下马车。董卓急忙高声大叫："我儿吕布，快来救我！"吕布应声从车后闪出身来，厉声说："我奉诏讨伐董卓。老贼，快拿命来！"说罢,挺戟直刺董卓的喉头,送他上了西天。王允下令把董卓的尸体扔在街头,百姓个个拍手称快。

王允智施美人计,让弄权作威的董卓、有勇无谋的吕布反目成仇,最终除掉了董卓,使动乱不堪的朝廷得到了短暂的安宁。

项羽中计失范增

秦朝灭亡后,西楚霸王项羽和汉王刘邦为争夺天下,展开了历史上著名的楚汉战争。战争初期,刘邦处于下风,屡次被项羽杀得大败而归。后来,刘邦离间了项羽和范增,逐渐占据优势,最终将项羽彻底打败。

范增是项羽最重要的谋士,被项羽尊为"亚父"。他年过七十才投奔项羽的叔父项梁,出了许多奇谋妙策,为项家的反秦大业立下了汗马功劳。

公元前206年,刘邦率十万大军攻破武关,进入咸阳,项羽带领四十余万大军随后赶到。虽然楚怀王曾下令"先进入关中的人便可做关中王",但此时双方实力悬殊,刘邦只得命令人马撤出咸阳,扎营霸上。

这时,刘邦的手下左司马曹无伤秘密向项羽通报,称刘邦准备自立为关中王,并占据了咸阳城内所有珍宝。项羽听了大怒,准备第二天就围攻刘邦。范增也劝项羽说:"刘邦住在山东时,贪财好色。入关后,不仅财物丝毫不取,连女子也没有宠幸一个,可见他的志向不小。要赶快攻击,不要错失良机。"

项羽的叔父项伯与刘邦的谋士张良友好,连夜赶往刘邦军中,劝张良逃走,却反被张良拉拢。回来后项伯劝告项羽,刘邦攻破咸阳有大功,杀他是不义之举。第二天,刘邦又亲自率领一百多名骑兵,到鸿门赴宴,向项羽赔罪,称自己攻破咸阳实属侥幸,破城后就封闭宫室,还军霸上,等待项羽前来。

鸿门宴上,范增屡屡向项羽使眼色,让他杀了刘邦,但项羽不忍加害刘邦,默然不应。范增于是让项庄以祝酒为名在席上舞剑,乘机刺杀刘邦。可项伯也随即拔剑起舞,用身体阻挡项庄攻击刘邦。刘邦的部将樊哙见情势危急,带着剑盾强行闯入,义正词严地请项羽打消杀刘邦的念头。

过了一会儿,刘邦以上厕所为由,带着樊哙、夏侯婴等将领一同逃走。逃走前,刘邦让张良把带来的一对白璧送给项羽,一对玉斗送给范增。张良回到席上,献上礼物,并告罪说刘邦不胜酒力,已经先行离开。范增勃然大怒,拔剑撞破了玉斗,骂道:"浑小子不足以成大事!夺项王天下的人必是刘邦啊,我们这些人今后都要成他的俘虏了。"

公元前204年,楚军数次切断汉军粮道,刘邦被困荥阳。无奈之下,

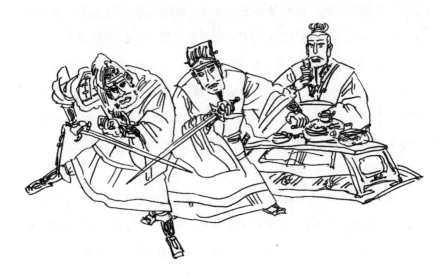

刘邦只好向项羽求和,提出以荥阳为分界线,荥阳以东为楚,荥阳以西为汉。项羽想答应刘邦,但范增却极力反对,说:"现在正是消灭汉军的大好时机,如果错过这个机会,放虎归山,就后患无穷了。"项羽于是又开始攻打荥阳。

刘邦见范增从中作梗,就采用了谋士陈平的离间计。项羽派使者来劝降时,刘邦就让人准备丰盛的筵席,送去精美的食物,摆出热情招待的样子。等见了使者,却故作惊讶地说:"我们以为是亚父的使者来了,原来是项王的使者啊。"接着就将盛宴撤了下去,换上了粗劣的饭食。使者非常生气,回去便告诉了项羽。项羽不知其中有诈,轻易就上当了,怀疑范增和刘邦有私情,渐渐夺去范增的权力,不再听从他的意见了。

范增得知了内情,怒冲冲地对项羽说:"天下事大局已定,大王您自己看着办吧。希望您把这把老骨头赐还给我,让我告老还乡吧!"范增负气离开了项羽,不久背上生了毒疮病死在半途中。刚愎自用的项羽中了刘邦的离间计,失去了最重要的谋士,最后落得个兵败身亡,自刎于乌江的结局。

责任编辑　潘洁清

封面设计　薛　蔚

责任校对　高余朵

责任印制　朱圣学

封面绘画　李广宇

插　图　吴永杭　郑　诃　郑凯军

图书在版编目（CIP）数据

孙子兵法：插图本/金灿灿编写. —杭州：浙江摄影出版社，2017.6（2025.1重印）

（童年书系·书架上的经典）

ISBN 978-7-5514-1803-4

Ⅰ.①孙… Ⅱ.①金… Ⅲ.①兵法—中国—春秋时代—少儿读物 Ⅳ.①E892.25-49

中国版本图书馆 CIP 数据核字（2017）第 103539 号

孙子兵法〔插图本〕

金灿灿/编写

全国百佳图书出版单位

浙江摄影出版社出版发行

　　地址：杭州市环城北路 177 号

　　邮编：310005

　　网址：www. photo. zjcb. com

制版：浙江新华图文制作有限公司

印刷：三河市金兆印刷装订有限公司

开本：880mm×1230mm　1/32

印张：4

插页印张：0.5

2017 年 6 月第 1 版　　2025 年 1 月第 2 次印刷

ISBN 978-7-5514-1803-4

定价：36.00 元